介護福祉士のための教養学 ⑤

介護福祉のための法学

梶原洋生 編

弘文堂

はじめに

　なぜ介護職に就こうとしたのですか。そのための勉強を一生懸命していますか。介護を必要とする人びとや、その家族を、理解したいと思っていますか。

　考えてみれば、だれにとっても老いることは避けられません。なんらかの病気の場合も、多くの人には突然とさえ思えるかたちで、それがいやおうなしに襲いかかってきます。逃げられないのです。

　じっさい認知症にある人でも、自分のことがうまくできなければ、悔しさをにじませます。そのために傷つきかけたプライドを（僕たちだれもと同じで）心に秘めて、なんとか日々を生きぬいているように見受けられます。

　介護の実践では、お互いに人の思いを精一杯知ろうとするべきです。目の前にいる人の姿をもっともっと見つめようとするべきです。たとえば、介護は人生の総仕上げに関わる仕事だといわれることがあります。もしかしたら、利用者が最後に話をする相手は、あなたかもしれません。

　職業には、責任が伴うものです。そういう役目が果たせるための環境を、自分たちで作っていかなければなりません。利用者と家族を守り、自分を守るためには、すべての根拠になる法の知識をしっかりと身につけることです。そして、他職種との連携のなかで、それを実現していくことです。

　介護福祉については、その社会的な使命が大きく叫ばれ、内容も幅広くなってきています。ひとりひとりの納得のいく生き方と同時に、職場環境の充実、社会全体のよりよいあり方を議論するということが必要でしょう。

　このようなときに、きっと役に立つのが、法学の勉強です。法は現実の生きた社会のなかで、人びとの議論のなかで、活かされるものです。

　法学の勉強を始めようとして最初につまずくのは、あまりに多くの知識があって、その専門用語も難しそうな言葉ばかりだからです。このことを意識して、少しでも学びやすいようにと、この本にはさまざまな工夫をしました。

　皆さんの実践によって、ひとつでも多くの、正直な笑いが生まれますように。

編者　梶原洋生

『介護福祉のための法学』目次

はじめに　　　　　　　　　　　　　　　　　　梶原洋生　　　1
本書の使い方　　　　　　　　　　　　　　　　　　　　　　　4

【事例編】

事例1　ムラサキに塗られた総入れ歯の思い出　　　　　　　　8
　　　　―孫娘の新たな決意―

事例2　退職後の人生　　　　　　　　　　　　　　　　　　12
　　　　―グループホームへのボランティアを通じて―

事例3　やさしくなれない、先が見えない　　　　　　　　　16
　　　　―「介護家族」とは―

事例4　病院でずっといたい　　　　　　　　　　　　　　　20
　　　　―精神障害者の地域生活の再獲得？―

事例5　だれかがそばにいてくれた　　　　　　　　　　　　24
　　　　―肢体不自由な私の普通の想い―

事例6　妻の心が壊れていく　　　　　　　　　　　　　　　28
　　　　―「私」だけにわかるまなざしの背後にあるもの―

事例7　ある日、突然、障害を負った青年と家族の苦悩　　　32
　　　　―ようやく長いトンネルの出口が見えてきた！―

事例8　人生の終焉の支援　　　　　　　　　　　　　　　　36
　　　　―それぞれの家族の立場、専門職の立場―

事例9　俺を赤ん坊扱いするのか！　　　　　　　　　　　　40
　　　　―高齢者の叫びと家族の苦悩、そして衝突―

事例10　忙しさのなかで見失っていたもの　　　　　　　　44
　　　　―組織のなかの中間管理職―

事例と理論をつないでみよう！　　　　　　　　　　　　　　48

【理論編】

第1章　法学の考え方　　　　　　　　　　　　梶原洋生　53
　　　　―基礎の基礎からはじめよう―

第2章　介護は法との出会いである　　　　　　古川隆司　67
　　　　―介護のなかにある法律―

第3章　社会保障における介護保障の考え方　　原田啓一郎　80
　　　　―社会保障法学の視点から―

第4章　介護が育てる「人権の樹」と日本国憲法　　根森　健　98
　　　　―憲法学の視点から―

第5章　法に出会わないことの大切さ　　　　　梶原洋生　113
　　　　―刑法が期待していること―

第6章　行政の考え方　　　　　　　　　　　　小林博志　125
　　　　―行政法学の視点から―

第7章　契約の考え方　　　　　　　　　　　　熊田　均　142
　　　　―民法学の視点から―

第8章　労働問題の考え方　　　　　　　　　　熊田　均　157
　　　　―労働法学の視点から―

第9章　法と臨床の接点　　　　　　　　　　　加藤悦子　173
　　　　―介護をめぐる事故・事件に学ぶ―

第10章　介護者支援の法的枠組の構築に向けて　加藤悦子　188
　　　　―介護の未来―

索　引　　　　　　　　　　　　　　　　　　　　　　203

本書の使い方

　本書は、介護福祉現場に見られる出来事を事例として紹介しています。それから法学で、知っておくべき理論や知識を紹介していきます。介護福祉現場で見られる出来事を、法学の理論や知識を用いて理解することができるとき、はじめに法学で学んだことが介護福祉の実践にいかされたことになります。そこで、介護福祉現場の事例と法学の理論と知識を、意識的に結びつけて理解を深めていくことが重要となります。ここでは、介護福祉現場の事例と法学の理論と知識を結びつける工夫について説明します。

1．本書の構成

　本書は、前半に事例編、後半に理論編という構成になっています。事例編には10事例が紹介されています。このうち8事例は、心理学、社会学、医学、倫理学、経済学との共通事例です。そして残る2事例が法学独自の事例となります。

　事例編には欄外に「[法学]介護保険法」というような用語をのせています。これはその事例で扱っている事柄を、より深く理解していくために役立つ用語です。それぞれ4ページにおよぶ事例のなかでも、その事例に含まれるちょっとした出来事を理解するために役立つ用語を、極力、その出来事を記述してあるすぐそばの欄外に配置しています。共通事例では、法学の用語のみならず、心理学、社会学、医学、倫理学や経済学の用語ものせています。介護福祉現場で起こるひとつの現象を、法学の視点、心理学の視点、社会学の視点、医学の視点、倫理学の視点、経済学の視点というそれぞれから見つめてみることにより、より深く立体的に事例を理解することができるようになります。そこで、ぜひひとつの事例を他の分野の理論とも結びつけて理解していってください。

　そして事例の最後に、その事例を読み解くヒントとして【考えてみよう！】というコーナーを設けています。【考えてみよう！】では、その事例を読み解くための視点となる「問いかけ」がなされています。ここに記されている「問

いかけ」以外にも、みなさん自身で自由にさまざまな「問いかけ」を作っていってください。

　事例の次には「事例編と理論編をつないでみよう！」というコーナーがあります。ここでは事例編と理論編をつなぐための解説が記されています。

　理論編には、10章のテーマがおさめられています。それぞれの章のはじめに、導入としてどのような視点で、この章を学んでいくかが示されています。理論編のなかでキーワードになる用語はゴチック体で太字になっています。さらに詳しい説明が必要な事柄については、欄外に注をつけ、付記するようにしています。また、それぞれの章の最後には、【さらに勉強したいひとのために】というコーナーで、参考図書を紹介しています。興味があるテーマをさらに掘り下げて勉強していってください。

2．事例を読もう！

　それぞれの事例にはタイトルとサブタイトルがついています。タイトルは、テレビドラマのタイトルのように、その事例をひとつの物語だとするとどのような内容であるのかを示すものです。サブタイトルは、その内容を介護福祉の専門性から説明したものになります。このタイトルとサブタイトルをひとつのヒントとして、事例をイメージしてみましょう。

　それぞれの事例は、テレビドラマの1回分の番組のようなものです。完結している物語ばかりではありません。この事例の、次回の物語を、より幸せなものにするには、どうすればよいかを考えてみましょう。どのような支援があれば、物語のストーリーは変わっていくかを、できるだけ具体的に、そして現実的に考えてみてください。他の人の意見も参考に考えてみましょう。また今後の展開を考えていくときに役立つのが、【考えてみよう！】のコーナーにあげられている「問いかけ」です。ここにあげられている「問いかけ」以外にも自分たちでいろいろな「問いかけ」を考えてみてください。

3．事例と理論をつなごう！

　事例を丁寧に読み解いたはずなのに、なかなかよりよい解決策が見出せないこともあります。そのような時にさらなる発展した解決策を見出していくため

に役立つのが、理論と知識です。

　法学の理論や知識は、それを学んだだけでは難しく、どう活用すればよいのかが分からないことがあります。活用する場面が見当たらない理論や知識は、真面目に学ぼうとしてもなかなか身につくものでもありません。こうして学問と実践の隔たりが生じてしまいます。学問を「机上の空論」とすることなく、現実の場面に活かせるものにするためには、意識的に現実への適用場面を想定することが大切です。そしてまた、法学の授業のなかで学んだ理論や知識を、事例のなかでどう活用することができるかを考えていくことが、現実への適用場面を想定することになります。簡単には、理論と知識を事例に結びつけることはできないかもしれません。しかし、簡単に諦めることなくどうすれば、その隔たりを小さくしていくことができるかを考え続けてみてください。また、本書は、ひとつひとつの事例が、どの章の理論と知識に結びつくという1対1の対応にはなっていません。ひとつの事例を、いくつかの章と結びつけて読み解いていくことも大切です。

　また理論と知識を事例に当てはめてみた後、さらに理論や知識を検討しなおしてみましょう。理論や知識は、手を加えてはいけない「神聖な道具」ではありません。理論や知識は、さらによりよい道具にしていくために磨き上げていく必要があります。介護福祉の実践にいかせる道具にしていくためには、つねに道具を見つめなおしていくことが大切です。

4．授業の構成例

　授業時間がそのまま「学習時間」となるように本書を有効に使って授業を展開してみてください。学習時間とは、「学習者にとって学習となっている時間」のことです。眠っている時間や意識が集中していない時間、あるいは理解できなくなっている時間は学習時間から除外されます。授業時間がそのまま学習時間となるためには、学習者が主体的に参加できるグループワークを導入した学習者参加型授業を構築することが有効だといわれます。

　学習者参加型授業の特徴は、学習者が「知識を吸収する時間」と、「吸収した知識を用いて考え、発言し、知識を使ってみる時間」の両方が、一つの授業の中に含まれることにあります。知識を吸収する時間は「講義形式」、吸収し

授業構成の2つの例

```
授業の構成例1                          授業の構成例2
授業の開始                              授業の開始
事例の検討……グループワーク形式          理論・知識の吸収……講義形式（60分）
              （20分）
        ↓                                      ↓
理論・知識の吸収……講義形式（45分）      理論・知識をふまえた事例の検討
                                            ……グループワーク形式
        ↓                                      グループによる検討
                                              グループごとの発表
事例の再検討……グループワーク形式          教員からのコメント
          グループによる検討                    （30分）
          グループごとの発表
          教員からのコメント
              （25分）
```

た知識を用いて考え、発言し、知識を使ってみる時間は「グループワーク形式」で行われることが一般的です。

　自由に授業を構築し、「授業時間」＝「学習時間」としていってください。

5．他の科目と結びつけて事例を読み解こう！

　本書の最大の特色は、「介護福祉士のための教養学」シリーズ全体で8事例を共通事例としていることです。

　実際の介護福祉現場で起こる現象には、「医学」、「心理学」、「社会学」、「倫理学」、「法学」、「経済学」というそれぞれの教養科目が扱う現象をいくつも含んでいることが一般的です。そこでそれぞれの科目を横断する共通事例を用い、同一の事例を「法学」ではどのように読み解くか、あるいは「社会学」ではどのように理解するか、といった具合に、総合的に事例を理解していくことのできる構成にしてあります。それぞれの科目において、介護福祉と理論を結びつけ、そして科目を横断して、統合的に「生活の支援」のあり方を深めていくことを目指してください。真に豊かな「生活の支援」を行うためには、統合的に生活を見つめていく視点を得ることが不可欠です。

事例編

事例 1
ムラサキに塗られた総入れ歯の思い出
～孫娘の新たな決意～

　9月って雨ばかり。どしゃ降りのホームを走って、電車に飛び乗った。Tは現在27歳の女性である。毎日電車で、自宅から片道1時間かかる特別養護老人ホームに勤務している。この4月に介護職として働き始めたばかりだ。

　Tは関東地方のS県で生まれ育ち、都内の私立大学文学部ドイツ語学科に進学。学生時代は友達と海外旅行も経験している。おしゃべりのときには、自分から冗談も言うタイプ。人を笑わせるのが好きなのである。ワイワイとにぎやかな大学生活を送って、都内で民間企業のOLになった。

　OL時代の日々も、実のところ、それなりに楽しいものであった。友達の輪も広がった。週末に集結して乾杯などすると、談義は盛り上がったものだ。にぎやかに時を過ごした。

　そんななか、Tの家にも苦労はあった。このころから、祖夫が認知症になったのであった。10年くらい前から、物忘れはずいぶん目立ってきていた。けれども、それがあっという間に加速してしまったのだ。76歳の祖父が、孫Tに「あんたはオレの孫によく似ているねぇ」と話しかけてきたときには、さすがに、家族一同があっけにとられた。

　当時、ある夕方に、電灯をつけないままの暗い部屋で、祖父がごそごそと何かをしていた。心配してそっとドアからのぞくと、総入れ歯をマジックでムラサキ色に塗っていた。「おじいちゃん、どうしたの？」そう話しかけたが、祖父はけらけらと笑うばかり。それ以上は何も聞けず、ちょっと怖

［法学］
労働契約

［経済学］
雇用

［心理学］
周辺人
アイデンティティの確立

［心理学］
認知症

［法学］
成年後見

［社会学］
逸脱

くなって、台所で夕食の準備をしている母親のもとへ走った。母親が一目散に祖父の部屋に行って、大声で怒鳴っている。それを唖然として眺めたことがあった。ただ心配になっただけではない。子どものときに大好きだった祖父を、犯罪者として密告したような、そんな悲しい気持ちにもなった。　　　　　　　　　　　　　　　　　　　　　　　　　　　　［法学］犯罪

　祖父はそののちも、一緒に暮らしていた。TもOLとしての仕事に慣れてきた。同僚の男性とデートもたまにしたけれど、Tが祖父の不可解な言動を話すと「えー！　やばいじゃん!!」と、言う。その人の口癖のようだった。レストランでディナーの最中に、総入れ歯のマジック事件についても話した。しかし、「きたねぇな、食事中に！」とたしなめられたから、話題を変えて、その話はそれきりにした。

　祖父の死は突然だった。家族の留守中に、デイサービスから電話があった。「容態がおかしかったので、さっき病院に連れて行きました」というメッセージが録音されていた。パートの仕事を終えて帰ってきた母がメッセージに気づき、病院に駆けつけたときには、すでに死亡したあとだった。職員の人が目を離した隙に、祖父がポケットの飴玉を口に放り込んだらしい。のどに詰まらせてしまったと聞いた。総入れ歯をした祖父が、おいしそうに黒蜜の大きな飴玉をしゃぶる姿。それを詰まらせて苦しむ姿。想像して、ことばを失った。　　　［法学］介護事故

　Tの家は代々この土地にあり、親戚も比較的近くに住んでいる。お通夜には、皆が集まってきた。そうして、ゆっくり顔を合わせて思い出を語ってみると、生前の祖父のことをあまりに知らなかった。家族で祖父の生前の荷物を整理したところ、机の引出しから、古くて分厚いノートが出てきた。それは趣味の俳句を書きとめたものだった。1ページめくると、孫Tについてつづった作品がある。パラパラ眺めれば、膨大な作品群。そして、最近の俳句は、年を重ねることの話題。物忘れがひどくなってきていると、自嘲気味に詠むものが目　　　　　　　　　　　　　　　　　　　　　　　　　　　　　　　　　　　［法学］相続

［心理学］老性自覚

事例1　ムラサキに塗られた総入れ歯の思い出

立った。ノートの端っこに「法律ばかりが大量にできる日本は、きっと物忘れ社会なんだと思う。」そんなメモ書きを発見して、祖父の社会的な一面に触れた。

　近くにいて、何も知らなかった自分。祖父の「不思議な行動」にしか、目を向けていなかった。この何年間かで、祖父の良いところを考えながら過ごした時間があっただろうか。

　後日、不思議なことが起こった。祖父が何度も、Tの夢に登場したのである。そして、その夢の中で、かならずこっちを向いてニッと笑顔を見せる。その口元がいつもムラサキ色の歯なのだ。何度もそういう夢を見て、飛び起きた。

　Tは会社を退職した。パンフレットを取り寄せ、通える学校を選んだ。介護福祉コースの学生になった。24歳だった。

　社会人経験者として再入学した学校では、介護技術のほかに、日本の政治や行政の勉強もした。我が国では、高齢社会の到来で医療費などの財源が苦しくなっているのだという。政治家たちは、高齢者の存在を「負担」として受け止めているのだろうか。負担負担って、なんだか悲しい。毎日テレビの報道では、残酷なニュースばかり。殺人事件に詐欺事件。虐待だのいじめだのと、後を絶たないように見える。

　介護保険法の勉強もするが、さっぱりだ。現場で働けば、自然と分かるようになるのだろうか。日本の行政は、お役人が主導だとか縦割り行政だとか言うけれど、他の国ではどうなっているのか。日本の介護保険の仕組みをドイツと比較できる話には大いに興味を持った。

　学校帰りに路上へと目をやると、東南アジアの出身者と思しき風貌の男性が工事現場で作業をしている光景を目にした。あの人はずっと日本で暮らしていくのだろうか。そのころの日本の高齢社会はどういうふうになっていくのだろうか。彼のことだって同じ人間同士として考えたほうがいいと思ったが、よくわからない。人の人生は人それぞれでもある。思い

[法学]
法律

[倫理学]
法と倫理

[法学][倫理学]
人権

[社会学]
アイデンティティ

[心理学]
環境移行

[法学]
行政法

[経済]
医療費

[法学]
介護殺人
虐待

[法学][経済]
介護保険法

[法学]
社会保障法

[経済学]
国際労働力移動

[法学][倫理学]
平等

切って話しかけてみたかったが、結局黙って通り過ぎた。やっぱり自分は自分のことをがんばるしかないというのが、歩きながらのいつもの答えなのである。

　実習や授業の課題に時間がとられて、昔の職場の旧友と遊ぶ余裕もあまりなかった。そうして、国家資格の取得と同時に、今の特別養護老人ホームに就職が決まった。 [法学] 国家資格 労働法

　就職活動の願書を出す前に、この施設の資料はチェックした。ここの売りは「人生の保障」であった。高齢者の尊厳を大切に考えて、人権尊重を掲げていると言う。いいことだと感じた。具体的にはどういうことなのかを聞いてみたかった。 [法学] [倫理学] 個人の尊厳

でも、就職試験の面接当日は恰幅のいい理事長が現れ、緊張してしまって、こちらからはあまり質問できなかった。 [心理学] 自尊感情

　就職が決まったので、昔のOL時代の友人たちと集った。久しぶりの再会メンバーは懐かしい顔ぶれである。そのなかには、以前デートをした男性もいたけれど、二人はただの友達として会話をした。旧友の女性のなかには、結婚し職場をやめて専業主婦になった人がいた。そこで、Tは特別養護老人ホーム内定のときに、自分の結婚や出産・育児のことを尋ねなかったことに気がついた。それでも、自分は一生使える国家資格を取ったのだ。この先はこれでやっていけるのだと、昔の仲間にちょっと自慢をした。皆の関心はTの給料にあるらしかったが、そのことよりも、Tは介護の魅力を熱弁した。 [心理学] 発達段階 心理社会的危機

[法学] 労働条件

[経済学] 賃金

　今、仕事はとても楽しい。施設には祖父と面影の重なる利用者がいた。自宅から1時間の職場に電車で通って、少しでも貯金をしたいと考えている。雨の9月に通勤電車の座席で揺られながら、疲れて居眠りをしているTなのであった。 [社会学] 労働

[法学] 人権の樹

考えてみよう！
・Tさんは介護の仕事にどういう魅力を感じたか？
・祖父はノートにどんなことをメモしていたと想像できる？

事例1　ムラサキに塗られた総入れ歯の思い出

事例 2

退職後の人生
〜グループホームへのボランティアを通じて〜

　父親が娘の将来を心配するのは、当然だと思う。うちの娘Tは今年で27歳。最初はOLとして民間企業に就職したが、そののち考えを変えて学校に入りなおした。勉強し、介護の資格をとったのだ。特別養護老人ホームで働いて半年経った。

［法学］
労働契約

　仕事の休みはバラバラで、私と顔を合わさないことも多い。今日がちょうど休み。寝ていて、自分の部屋から出てこない。昨日、夜勤の仕事だった。やっと見つけた自分の将来。「お父さん、介護職って、正義の味方なんだよ！」と、笑顔でうれしそうにする娘。

［法学］［倫理学］
人権保障

［倫理学］
正義

　ひとりっ子だから、私もずいぶん可愛がってきた。昔は、娘には学校の先生になってほしかった。子どものときから祖父の影響で外国文化に興味を持ち、学校の勉強も良くできた。その娘が、介護の仕事をしたいと言い出したのは、3・4年ほど前だった。OLをしていたときの貯金を学資にあてた。父親としては応援するしかないと腹を決めたのだ。

［心理学］
アイデンティティの確立

　私はすでに退職したが、長く銀行で働いた。当時融資に関わった知人が近所にグループホームを作った。そこで働いたらどうかと、娘に話したが、嫌がった。「若いうちにしっかりした施設のやり方を勉強したい」、「将来自分で施設をやりたいの」、「家族とみんなで暮らせるような施設を作るのが夢だから」と大真面目に言って、今の職場を探してきた。

　心配はたくさんある。帰りが遅いけれど、あれは残業なのだろうか。女性の多い職場らしいが、うまくやっているのか。

［経済学］
長時間労働

セクハラにあってはいないか。爺さんに、いやらしいことを言われたりしていないだろうか。そんなことを心配するものの、娘に直接聞くのは水を差すようで、なかなかできない。

新聞をみると、施設での虐待がバッシングされている。介護職の使い込みなどもテレビでやっていた。そんなときもハラハラする。ちょっと様子を見に行こうか。そういう大胆な衝動さえ抱くのである。これでも元銀行員だ。前には、後見などの法律業務に携わって福祉系の会社と仕事をしたことがある。娘の勤め先の経営状態も、気になるところだ。

父親の目から見れば、世間知らずの娘がいろいろと我慢しながら働くことは、事業者の問題である。しっかりした運営をしてほしい。娘はあまり人を批判しない性格なのだ。「不景気を理由に賃金カットや解雇などがあれば……」と想像する。そうなれば、娘も悔しいに違いない。

だいたい、日本の政治を見ていても、社会保障の仕組みはコロコロと変わる。10年前と今では、言っている中身がまるで違うと感じる。介護事業の収益は、政策しだいというところもあるのに……。お役人はテキトーだ。あの政治家たちにだって、娘のような若者の苦労が分かっているとは、到底思えないのである。

ところが、娘Tはいたって暢気(のんき)である。この前などは、新しい紙おむつを購入してきた。使い心地を試してみたいというのだ。「お父さんも、この紙おむつをつけてみて！」笑顔でそう頼んでくる娘に戸惑いながら、結局言いなりになった私。ある昼さがり、中年の父親が30歳近い娘と一緒に紙おむつをつけ、居間でお茶を飲んだ。「こういう娘に育つとは……。」慣れないおむつを食い込ませながら、最近の私は驚きの連続である。そして、だんだんと自分も介護の世界に関心を持ち始めている。

そんななか、娘が一度両目を腫らして帰ってきた。大泣き

[法学]
セクシャルハラスメント

[心理学]
フラストレーション・トレランス

[法学]
犯罪
虐待

[法学]
後見

[経済学]
経営

[法学]
労働条件

[経済学]
不況
失業

[倫理学]
社会と倫理

[法学]
社会保障

[経済学]
介護事業

[法学]
行政

[法学]
人権の樹

をしてきたことは、間違いない。どうしたのかと聞いてみようか迷ったが、結局は気づかぬフリでやり過ごしてしまった。

　じつは、私もボランティアとして、たまに、近所のグループホームに顔を出すようになった。利用者は自分の父親くらいの年齢が多かったが、なんと同世代の人もいて、衝撃を受けた。そのグループホームでは、私の経歴を知ってか、行政手続きや契約の文書について聞かれることがある。それから、ときおり、昔懐かしい歌をみんなで合唱するイベントがある。

　正社員の数の少なさは意外であった。職員に聞いてみると、特別養護老人ホームでも、正社員の数はかなり少ないらしい。その人は「前の職場でも正社員だったけれど、事務仕事ばかりでさ。パソコンは嫌いだな……」と言う。「パートで働き始めて、なかなか正社員になれない人もいたからさ。それでも私は幸せだったんだよね」と笑った。「この仕事が好きなんだよ。あたしはさ」と胸を張って言う。うちの娘も、こういう気持ちで仕事をしているのかもしれない。

　そのボランティアを通じ、私は利用者の家族とも話をした。家族の中には、いろいろな人がいる。威勢よく大声で話す家族。肩をすぼめて「申し訳ありません」と、何度も繰り返す人。自分でお金を払って介護の契約をしても、気持ちはそんなに簡単ではないのだ。「こうやって会いにくるのは、父に対する確認です。……『だんだん遠くなっている自分』を確認する行為です……」。泣かれて、困惑したことがあった。

　じっさい、私の父親も、認知症になり、デイサービスを利用した。最期まで、甘いものが大好きな人だった。認知症になっても、飴やソフトクリームをすぐに食べたがった。クリームで顔中をベタベタにして、赤ん坊のように笑った。残念だったことは忘れられない。かつてとてもきれい好きだったのに、爺さんになって、ずいぶん散らかしていた。つめが汚れていても平気になってしまった父の姿があった。どうして、

［社会学］
コミュニティ
地域密着型介護サービス

［心理学］
集団療法
人と人をつなぐ「記憶」回想法

［法学］
行政手続き
契約

［経済学］
正規雇用と非正規雇用

［法学］
パート
介護サービス

［心理学］
内発的動機づけ

［法学］
介護契約
権利擁護

［社会学］
家族

［心理学］
認知症

つめがそういう茶色い汚れ方をしているのか。怖くて聞けなかった私。振り返ってみると、ずいぶん臆病である。覚悟だけあったつもりの自分は、本当に現実を正面から受け止めながら、知恵を振り絞って生きてきたのだろうか。[法学]　解決

　自分の老後についても、前より考えてみるようになった。大切なのは、生活のことだ。今は退職金があるし、年金がもらえることを期待している。医者にもたまにかかっている。病気になったらと思うと、気がかりである。自分はどこまでアテになるか分からない。娘だってそうだ。あの調子で忙しく働いて、体を壊しはしないだろうか。高齢者施設の食中毒事件という話題も、つい先日、ニュースになった。[法学]　年金　介護保障　介護事故

　最近の私は、なんとなくマイナス思考である。年をとってなおさら、娘Tの将来を一番に考えるようになった。あの子は結婚をする気はないのか。私が高齢者になったとき、資産管理を託すのはどうか。そろそろそういうことは話し合ったほうがよい。その時期だと思う。お金の心配は切実なのだ。[心理学]　老年期の人格変化とその要因

　もうじき国政選挙だから、国民の不平等をなくす政治家に将来を託したい。市町村の合併が続くが、そういうなかでも、透明性のある政治や行政をやってもらいたい。よく考えて、選挙民としての一票を投じなければならないだろう。[法学]　相続

　雨続きの秋の夕方に、大音量の選挙カーがうるさい。立候補者の名前だけを宣伝するマイクロホン。どうやら、選挙カーはうちのほうに向かってきているようだ。私は居間でひとり、お茶を静かにすすっている。このけたたましい宣伝カーの音で、熟睡中のあの子が目を覚まさないかと、夜勤明けの娘のそのことを、心配したりするのである。[法学]　行政法　[経済学]　不平等　格差　[法学]　介護者の権利擁護

考えてみよう！
・介護福祉の仕事（職場）では、どのような思いがあるのだろうか？
・家族の存在が大切なのは、なぜか？

事例2　退職後の人生

事例 3

やさしくなれない、先が見えない
~「介護家族」とは~

　W夫妻の子ども3人（長女・長男・次男）は、それぞれが県外で所帯を持ち親元を離れていた。会社を定年退職したW氏は、親戚でもある近所の酒屋でアルバイトをしながら趣味のカメラをいじり、妻は三味線やプロ級の洋裁、編み物に興じるなど悠々自適の生活を送っていた。子どもたちも盆暮れには帰省をしたり、電話で声を聞かせたりと程よい関係を保ち、なかでも次男の嫁とは何かと相談しあう関係を維持していた。

　嫁は、今は2人とも元気だからいいけれど、そのうち何かあったら「私は関係ない」とは言えないし、元気なときに気心も知れていたほうがいいかもしれないという考えから、仕事の傍ら帰省のやりくりをして、夏冬の長期休暇は親元で過ごそうと努力をしていた。

[心理学] ペルソナ

[倫理学] 義務意識

[法学] 家族

　そのような経過のなかで、妻（70歳）が腰の痛みや体調不良を訴え始めた。W氏（79歳）は妻へ受診を促す。その結果、妻の肝臓に病変が認められ（原発性肝硬変）1年間入退院を繰り返すこととなる。その後、病院のソーシャルワーカーの調整により、妻は訪問看護と往診、調理のできないW氏に代わる家事ヘルパーの派遣を受けながらの在宅療養を送ることとなった。すべてのことが初めての経験であるW氏にとって、他人が家に入ることは思いのほか気持ちの負担で、不慣れな介護は体力を消耗させ腰痛やいらいらを募らせた。

[社会学] 性別分業

[法学] 家庭と男女共同参画 介護サービス

16

在宅療養に切り替わって数カ月が経過した冬、W氏は、視力障害の定期検査で眼科を訪れたあと、体調を崩し熱を出してしまった。そして、まもなく妻も体調を崩し再入院することとなる。主治医は、付き添っていた次男の嫁に、余命数カ月であることを告げ、もし、次男夫婦が居住地での看病と看取りを希望するのであれば、転院は早いほうがよい旨を告げる。看取りを覚悟した次男夫婦はW氏の承諾を得て、居住地に母親を転院させる。嫁は、一緒に住みたいと願っていた義母との同居もかなえられず、担当医から延命処置の是非を打診され、その結論を託した義父が「延命は望まない」との結論を出してしまったことに関して割り切れなさを感じ、どのような姿であれ義母に生きていて欲しいという思いから、再転院を希望し2カ月の闘病生活を支えた。

［心理学］
ハンディキャップ

［医学］
発熱

［法学］
個人の尊厳

［倫理学］
死生観

［法学］
尊厳死
延命処置(延命治療)

［法学］
社会保障

　妻を看取ったW氏（81歳）は、自宅を離れがたく遺品の整理をしながら独居生活を送る。家事に関しては、とくにヘルパーの調理する味に馴染めないという理由により派遣を断り、近くのスーパーのお惣菜で済ませることを選択した。平素より揚げ物や甘いものを好み、買い求める惣菜類も味の濃い油っぽいものが多かった。また、食事時間も不規則となり、食べたいときに食べたいものを食する生活となっていった。

［心理学］
グリーフワーク

［倫理学］
自立と自律

　また、妻が存命のころは夫婦で買い物にもよく出かけ、新しい電化製品や洋服、家具などを買い求め、帰省した子どもたちに分け与えることを喜びともしていた。その名残からか、判断力の欠如からか、妻亡き後、訪問販売員から高級布団やマッサージ機を即金で購入するということが続いていた。このようなW氏の生活を憂慮した次男夫婦は時々W氏を呼び寄せ、今後の生活のことも含めて話し合いたいと思っていた矢先、W氏は次男宅で吐血し半年間入院療養を送ることとなった。

［法学］
消費者被害
成年後見

事例3　やさしくなれない、先が見えない

退院時には、介護保険の適用段階「要介護3」と認定され、往診と訪問介護を受けることになった。その間、嫁は、調理以外の身の回りのことは自分で行ってきたW氏の意志を尊重、見守り、自分の使った皿は自分で洗いたいというW氏のために、台所のシンク周りを調整し、10分程度の立位を保持できるようにした。そのような経過を経て、ADLはめまぐるしく回復していったが、元来、友人付き合いも希薄で、知らない土地での再出発であるため、散歩を含めた外出は皆無で、自室でテレビを見る毎日である。見かねた嫁は、近所でも評判のデイサービスの利用を薦めるが二の足を踏み、利用にはなかなか繋がらなかった。

［社会学］
役割

［法学］
自己決定

［社会学］
地域社会

［医学］
閉じこもり

［倫理学］
自立

　嫁は、介護認定審査で来訪した調査員から、介護保険でのサービスを希望する時は、ケアプラン策定を担当するケアマネージャーを決めて、その事業者に電話してほしいという情報を得ていたので、そのデイサービスセンターの事業所に電話を入れた。すぐに担当のケアマネージャーが来訪し、W氏の気持ちを根気よく聴いて、自分たちにできることをきちんとW氏に伝え、趣味の話題になったときには、「ぜひ、カメラマンとしてお立ち寄りください」と、その日は情報提供だけで帰っていった。

［心理学］
面接

［法学］
介護保障

［心理学］
カウンセリング

　そこで、趣味のカメラに話題を引き寄せ、センターでもカメラマンをほしがっていると話しを持ちかけると、「それなら」と重い腰を上げ、カメラを片手に「ボランティア」として通うようになった。その後は、介護認定の「要支援2」段階を維持し、週2回のデイサービスに通うことを中心に生活が回っている。

［心理学］
自尊感情

［法学］
個人の尊厳

　一方、平行して、放置してあるW氏の家の売却の話が持ち上がっていた。3人の子どもたちは、それぞれ帰る意思がないことと、空き家にしておく無用心さからW氏の長女が積極

［法学］
相続
契約
判断能力

的に話を進め、売却の合意を取り付けた。その売却代金は、W氏の意向という形で3人の子どもたちに均等に分配されることになった。

次男の嫁は、義母の看取りからはじまりW氏の闘病という怒濤のような数年を無我夢中で支えてきた。しかし、最近わけもなくいらいらしたり、W氏の話を聴くことが苦痛になっていた。傍らに座ったら話しを聴かなければならないと思うと座るのが怖い。「おれは、どうでもいいよ」といいながらも出来上がる食事をじっといつまでも待っているW氏の存在が恐怖ですらある。時々、「どうでもいいなら、ずっと待っていてもらいましょう」という心の声が聞こえることがある。そのように思っている自分が情けなく涙が出そうになる。この先、このような生活が何年続くのだろうかと思うと、飛び出したい衝動に駆られることもたびたびであった。また、家の売却も含めたW氏の長男、長女のかかわり方に理不尽さを覚え、感情は割り切れなさから憎しみへと広がっていた。

［社会学］
家族

［倫理学］
葛藤

［法学］
介護者の権利擁護

［心理学］
フラストレーション耐性
ストレッサー

考えてみよう！
・W氏はセンターに行ってどういう写真を撮影したと考えるか？
・当事者の声のなかから、社会のだれにでも言えることを考えてみよう。

事例3　やさしくなれない、先が見えない

事例 4

病院で
ずっといたい
〜精神障害者の地域生活の再獲得？〜

　ホームヘルパーBは、ヘルパーとして在宅訪問するなかで、直接のサービス利用者である高齢者とともに、統合失調症を中心とした精神障害等によって心身両面にわたるケアを必要としている家族が一緒に生活を送る家庭が多くあることを知ることになった。Bは、直接のサービス利用者である高齢者を支えるためには、家族の生活も支えていかなければならないのではないかという自然な心の動きとともに、家族への対応は業務外であるという現実との狭間で揺れ動くなか、精神障害についての自主的な学習を始め、講演会や研修会にも参加するようになっていた。

［法学］
家族の支援

［倫理学］
区別と差別

　そして、ある研修会場で、S精神病院に勤務するソーシャルワーカーKと話しをする機会を得て、担当医師から退院を許可されながらもなかなか退院しない入院患者をどのように援助すればいいのか苦慮していることを聞き、現在の精神病院の状況や精神障害者の置かれている現状をしっかりと見据えていかなければならないと思った。

［法学］
自立支援

　患者T氏は21歳で統合失調症と診断され、54歳になる現在まで2〜3カ所の病院の入退院を繰り返し、S精神病院に入院して5年が経過している。現在は、症状も安定し、通院と服薬管理で在宅での生活が可能であるという担当医師の判断から、退院を打診されている。しかし、T氏は、のらりくらりと生返事を繰りかえしてきた。

［倫理学］
自立と自律

T氏は、高校卒業後の進路として、物理学を専攻できる大学に進学し将来的には研究職になりたいと考えていた。しかし、高校の恩師の推薦や両親の意向により一部上場の企業に就職を決定した。専門分野に関する秀でた能力により確実に評価を高めていったが、元来の生真面目な性格も重なって、職場での人間関係をうまく調整することができず、だんだんと孤立するようになり、飲酒で気を紛らわすことが多くなっていった。

　T氏の母親は、ことのほか長男であるT氏に期待を寄せ、それに応えてきた息子が自慢でもあった。そのため、T氏が帰省した際に、「ネパールで修行を積みたい」などと言うようになったとき、その言動に首をかしげることもあったが、それが統合失調症の前駆症状とは知る由もなかった。

　そのうちに、生活全般にわたってまとまりのある思考ができなくなり、企画部門の管理職としての一連の判断・決定という仕事の遂行に支障が出始めた。そのころになって、両親は上司の自宅訪問を受けて、ことの重大さを認識するところとなった。病気療養ということでひとまず職場を離れ、治療に専念することで職場内の調整がなされ、両親は、「病気ではない」と言い張るT氏をなんとか精神科に同行受診させ、その結果、統合失調症と診断され入院となった。

　20歳代から30歳代にかけては、入院治療により症状が落ち着くと自ら退院を願い出て、自宅の自室で読書をしたり、絵を描いたりしながらすごしていた。しかし、服薬による倦怠感を嫌がり、定期的な外来受診を怠ったり服薬を中断することによって、幻聴・幻覚が再燃し、刃物を持ち出し、ところかまわず振りかざしたり、遁走し、再入院を余儀なくされていた。

　症状が落ち着いているときは、体重も増え、穏やかな表情

［心理学］
アイデンティティの確立

［倫理学］
価値

［経済学］
雇用

［法学］
人権保障

［法学］
措置入院

［法学］
自己決定

［医学］
服薬管理

［法学］
自傷他害

［医学］
体重変化

で人当たりもよく、両親は、ほっと胸をなでおろしながら就職先を探してきては、T氏に薦めたりしていた。就職先は、何かあったときにはすぐに飛んでいける隣町程度のところに決定し、アパートのオーナーにもT氏の現状について話し、了解を得た上で部屋を借りて通勤できるように手配をした。T氏もそれに応えて仕事に就くが、数カ月たつと食欲がなくなり、体重が激減しその風貌が著しく変化していった。そのようになると、また、幻聴が聴こえ始め、アパートの他の住人に向けた奇異な言動によって警察へ通報され、仕事も続かず、再入院をするということの繰り返しとなっていた。

[医学]
食欲不振

[社会学]
ラベリング理論

　その間、とくに母親は、息子の言動の後始末に翻弄され、冠婚葬祭を含めてなにかとつきあいの深い地域性のなかで、つらい日々を一身に背負ってきた感がある。高校卒業時に、大学進学という息子の希望を聞き入れず、就職させたことが病気の引き金になったと思い込んでいるため、後悔の念をいつまでも抱いていた。そのようなつらい思いを心を割って話せないストレスから、体調もすぐれず、自身が通院をする回数も増えていた。

[社会学]
スティグマ

[心理学]
ステレオタイプ

[社会学]
2次的適応

[心理学]
ストレス

　T氏は、年齢を重ねていくなかで、その症状の出方も穏やかになり、今度は、病院でずっといたほうがいいと言うことが多くなった。母親も、退院して周りに迷惑をかけるのなら、本人さえよければ入院していたほうがいいと思うようになっていた。

[心理学]
認知行動療法

[倫理学]
自立と依存

　おりしも、精神障害者の社会的入院がクローズアップされ始め、できる限り地域での生活を再獲得しようという動きのなかで、T氏の主治医も研修を重ね、認知行動療法を治療の一環として取り入れたりしていた。T氏は、長く続いた入院生活によって、地域で生活する自分の具体的なイメージがわかず、また、積極的に新しい生活を獲得する気力も失せてい

[心理学]
自尊感情

[法学]
社会参加

[心理学]
認知行動療法

た。母親も老いていくなかで、自分亡き後のTの身の置き所を病院と思い始めていた矢先であるため、戸惑いを隠すことができないでいた。

　そのような精神障害者の退院後の生活援助の難しさを、ソーシャルワーカーのKから聞かされたホームヘルパーBは、家事援助ということで訪問した高齢者宅で、対象者自身よりも精神障害をもつ家族のほうへの援助が急務ではないかと思うときもしばしばである現状に遭遇して、地域での生活の再獲得を余儀なくされている中・高年齢の精神障害者にどのように寄り添っていくべきか、本気で考えていかなければならないとの思いを強くしている。

[心理学]
環境移行

[法学]
社会保障法
行政
個人の尊厳と人間らしく生きる権利

[倫理学]
かけがえのなさ

考えてみよう！
・T氏は精神科の医師とどういう会話をしただろうか？
・精神障害者の社会的入院が問題視されるのはなぜか？

事例 5

だれかが
そばにいてくれた
～肢体不自由な私の普通の想い～

　私は、現在63歳で両親が残してくれた家で独居生活を送っている。生まれてすぐの原因不明（と、当時の主治医は両親に説明した）の発熱によって肢体不自由となり、強い言語障害も残ることになった。

　当時は、就学免除という制度によって義務教育も受けられず、おもに母親が先生代わりとなり、読み書きを自宅で教えてくれた。両親は、私の障害のことを恥ずかしがることなく積極的にいろいろな場所に連れ出してくれ、障害児を抱える親の会も発足させ、その役員にもなっていた。

　生まれたときから生活のすべてに介護が必要であったが、両親は、「親の会」への積極的なかかわりを通して、知らず知らずのうちに仲間たちからの心理的なサポートを得ることとなり、それをエネルギーとして、私の世話を一手に引き受け、父親が亡くなるまでホームヘルプサービスなどを受けることはなかった。

　私はそのような両親のもとで素直な感情を育み、年齢を重ねてきた。しかし、31歳のとき父親が突然倒れ入院先で亡くなった。続いて1年後、母親が亡くなった。母は、夜お風呂に入るといったきり上がってこず、身動きの取れない私はなす術もなく、泣きながら母親のことを考えていた。母の死亡は、父親を亡くしてからお願いをしていた早朝対応のヘルパーさんによって確認された。私はとうとう独りぼっちになっ

［心理学］
バリアフリー

［医学］
言語障害

［法学］
（障害児の）教育を受ける権利
就学猶予

［社会学］
家族

［法学］
社会参加
人権

［倫理学］
区別と差別

［倫理学］
孤独

［法学］
介護サービス

てしまった。

　あれから約30年が経過し、両親と暮らしてきたこの家で生活を送りたいという私の希望を受け止めてくれた役所のはからいで、さまざまな公的サービスやボランティアさんが、一冊のノートで情報を共有しながら私を支えてくれている。皆が私の気持ちを確認した上で、必要な介助をしてくれるのでありがたいと思っている。

　ある時、障害教育を教える先生と知り合い、先生は私に私仕様のパソコンを提供してくれた。これは、本当にうれしかった。言語障害であるがゆえにままならなかったコミュニケーションが取れるようになったのである。それを使って少しずつ詩を書いたりしている。

　24時間、だれかの手を煩わせなければ生活できない身で、ましてや、細やかな想いを伝える手段がなかった長い年月のなかで、私の世話をしてくれている人たちは、私のことを何もわからない手のかかる困った人としてみているにちがいないとか、自由に暮らしたいからといって必要以上に面倒がかかる在宅の生活を続けるより、設備の整った施設に入所するべきだと思っている人もいるだろうなどと考え、申し訳なさややり場のないつらさを感じてきた。

　事実、私が理解できないだろうと思って、私の目の前で「かわいそうに……」と哀れんでくれる人もいた。想いを伝えることは容易ではないが、何もわかっていないわけではない。逆に、敏感に周りの人の言動を受け止めてきたような気がしている。お互いに分かり合うことの大変さを全身全霊で感じている。

　今は、通所デイサービスをほぼ毎日利用し、家に帰ると1

[倫理学]
平等と権利

[法学]
介護保障

[心理学]
環境適応能力
環境圧

[医学]
リハビリテーション

[社会学][医学][倫理学]
コミュニケーション

[法学]
人権保障

[心理学]
認知的不協和

[倫理学]
自由と自立

[法学]
契約
支援者
地域生活支援

事例5　だれかがそばにいてくれた

時間ごとにヘルパーさんが訪ねてくれ、世話をしてもらっている。50歳を過ぎてからは、往診や訪問介護も受けるようになった。私のことをよく理解してくれるコーディネーターに出会えて本当によかった。
　私は、恵まれているのかもしれない。
　毎日通っている通所デイサービスには、障害の種類も年齢層もさまざまな障害者が集う。私は、車椅子介助を受けながら、できることをして過ごしている。ここしばらく、なじみの人たちばかりが集まっていたため、それなりに落ち着いた静かな時間が流れていたが、最近デイサービスを利用し始めたH君（23歳）が、新しい環境に戸惑っているのか、嬌声を発しながら落ち着きなく飛び回り、行く先々でたしなめられたり怒られたりしている。

　以前、家に来てくれていたホームヘルパーさんが、保育園の保母さんをしているとき、迎えいれた園児のひとりが自閉症児で、最初は脈絡のない動きにみんなが翻弄されたが、時間の経過のなかで、どういうときに落ち着きがなくなるかがわかり、それさえわかれば何の問題もなかったいうことや、ひとりの園児が最初から馬が合い、楽しそうに遊び始めたということを不思議そうに話していたことを思い出した。
　確かに、H君も、いつもニコニコと笑顔の絶えないM子さんの横に行ったときは、傍らに腰掛けしばらく落ち着いて座っている。お互いに言葉を交わすことはしないが、何か通じるものがあるかのように時と場所を共有している。
　私も、言語障害によって人にはなかなか想いを伝えることができないが、私を支えてくれる人のなかには、その聞き取り辛い言葉を巧みに理解して、的確な返事を返してくれるスタッフもいる。そのときは、気持ちが通じたと感じる。きっと、H君とM子さんも気持ちを通わせているのだろう。

［法学］
介護サービス事業

［法学］
平等

［心理学］
発達障害

［心理学］
対人距離

［倫理学］
コミュニケーション

［法学］
権利擁護

今のところ、金銭管理は、亡き母が信頼していた親戚の人に任せているが、この先、両親が残してくれたものと年金でどのくらい生活が維持できるのか心配している。とりわけ、最近の障害者をとりまく法制度は、めまぐるしく変化しており、わからないままに、デイサービスにも毎日通い、職員さんも「大丈夫だよ」と言ってくれるが、いつか、通えなくなるのではと不安はつきない。

［倫理学］
生存権
［法学］
生存権
成年後見
介護保障
自立支援
国連障害者権利条約

　長い間、両親の残してくれたわが家を終のすみ家と考え、さまざまな人の支援を受けながら在宅での生活を維持してきた。しかし、受けなければならないサービスの量や質が変化し、「死」をわがこととして感じるようになった昨今、時々、母が亡くなった時の状況を思い起こすことも多くなり、独居の寂しさや不安が胸をよぎるようになった。

［倫理学］
死と倫理

　両親を亡くしてから現在に至るまで、さびしさを感じる間がないほど、さまざまな人に包まれた生活であった。今も、この状況に大きな変化があるわけではない。しかし、最近感じる不安や寂しさは、加齢によるものであろうか。一度も離れることを考えてこなかったわが家であるが、昨今、同じような障害を持つ友達とグループホームのようなところで生活できればと思うようになってきた。

［心理学］
ライフサイクル
［法学］
自己決定
障害のある人の人権

考えてみよう！
・「私」はこの一冊のノートに何を書いていたと思うか？
・障害教育のなかで、法を勉強するなら、まず何を教わるとよいだろうか？

事例5　だれかがそばにいてくれた

事例 **6**

妻の心が壊れていく
～「私」だけにわかるまなざしの背後にあるもの～

　E氏さん夫婦は、先祖代々続けてきた農業で生計を立ててきた。妻のI子さんは、農作業は当然として、家事・育児から始まり、舅（しゅうと）・姑（しゅうとめ）の世話、近所づきあいまで、まめにこなす働き者として近所の評判も高かった。E氏は、そのような妻の働きに感謝しながらも、いまさらという思いと気恥ずかしさから、ねぎらいの言葉もかけることなく過ごしてきた。

　少しずつ生活にゆとりが生まれ、E氏は、農閑期には夫婦水入らずで旅行にでも行こうかと思っていた矢先、I子さんが通い慣れた田んぼに現れず、近所の顔見知りが連れてきてくれるというできごとがあった。「なにやってるんだ」というE氏に対して、I子さんは、「立ち話になって、こんな時間になっちゃった」と悪びれる様子もなく作業につこうとした。E氏は、同伴してくれた顔見知りにお礼を言いつつ様子を聞くと、田んぼのある方向と違う道を歩いているので、「今日は、お父さんとは別々？」と声をかけ、なんとなくいつもと様子が違うので一緒に来てくれたということであった。

　E氏（56歳）は、I子さん（54歳）の様子を、いままでの疲れと年齢的な変化がいっぺんにきたものと思い、病院への受診を促したりしていた。しかし、あれほど几帳面だったI子さんの物忘れもだんだんひどくなり、生活に支障をきたすようになってきた。E氏は、家族皆がかかっている開業医にI子さんの診断を委ね、そこで、認知症である可能性が高いと診断された。医者からは、脳の血流をよくするという薬を

[心理学]
認知的不協和

[法学]
自己決定

[医学]
仮面うつ

[医学] [心理学]
認知症

処方され、市役所の介護保険課に相談したらどうかとの情報提供があった。しかし、E氏の頭の中では、「どうして、I子が……。」という思いが駆け巡り、今後のことを考えるゆとりなどあるはずもなく、情けなさが先にたっていた。

　そのころから3年が経過し、I子さんは介護保険認定審査を受け、近所のデイサービスセンターにほぼ毎日通うようになっていた。E氏は、生活のためには生業を続けなければならず、周りの薦めもあり、昼間だけデイサービスセンターにお世話になることにしたのである。通い始めた矢先は、夜、落ち着きをなくし、少しも休もうとしなかった。そこで、仕方なく、お互いの手首を紐で結わえて、動く気配を感じるような苦肉の策も講じたりしていた。それでも、目を離すと家を抜け出し警察のお世話になることもたびたびであった。病気の進行は、さまざまな症状を現出させ、本人ともども周りを翻弄(ほんろう)していた時期である。

　しかし、E氏はI子さんを施設に入れようとは考えなかった。今では、I子さんはE氏のことを夫として認識できなくなっていたが、とても親切な顔なじみとは思っている様子で、突き詰めたようなまなざしが多くなった現在でも、E氏に対してだけは一瞬穏やかなまなざしを向けることがある。E氏は、その度にI子さんとの自宅生活を大切にしようと思ってきた。寝不足と仕事の疲れで、効果はないと知りつつもI子さんを叱り飛ばすこともあったが、24時間、I子さんとともにいたE氏にとって、夫婦が別々に暮らすことは想像できなかったのである。

　デイサービスセンターで、I子さんのケアプラン策定の担当となったケアマネージャーUは、E氏夫婦の初回相談日のことを忘れることができない。認知症と診断され、徐々に認

［法学］
介護保険法

［法学］
人権保障

［法学］
犯罪
謙抑主義

［社会学］
感情労働

［社会学］
アイデンティティ

［心理学］
想起

［倫理学］
かけがえのなさ

［経済学］
経営

識の混乱がみられ始めたⅠ子さんの手を引いたE氏は、「施設や病院にはいれたくない。できるだけ自分が面倒をみたい」といった。Uは、その表情にE氏の情愛と苦悩を感じ、できるだけEの負担を軽減しながらも、自宅での生活を維持できるプランを策定しようと考えた。一般的には、Ⅰ子さんの年齢を加味すると、今後5年間にかなり病状も進行するであろうことが推測され、広く農業を営むE氏を支えるためには、デイサービスの利用だけでは不十分だとの思いもあった。

[心理学]
手続き記憶

　Uは、現デイサービスセンターの前に、介護老人福祉施設で介護福祉士や社会福祉士として働いていた時期がある。その時、E氏夫婦のように、アルツハイマー病と診断された妻と看病をする夫をともに支援した経験があった。夫は、3度の食事時には施設を訪れ、自ら食事の介助を行っていた。妻とのコミュニケーションは、介助をしながら語りかける夫の言葉に、ふっと笑みがこぼれたり、何かをつぶやくといったかすかな表情のゆらぎだけとなってきていたが、その2人の様子をつぶさに見ていたUは、奥深いところでつながっている絆を切ることのないサービスのあり方をずっと考えていたことを思い出していた。

[倫理学]
コミュニケーション

[法学]
家族

　現在、Uの所属するNPO法人は通所介護サービス機能のみを有するデイサービスセンターである。工場を経営する社長であった現法人代表（67歳）が、経営不振に陥り始めた工場を閉鎖後、その跡地と人脈を生かして始めた事業である。法人代表の小中学校時代の同級生の親も多く利用するという地域に密着したセンターとして評判もよく、経営も安定してきていたが、とくに、認知症の親を抱える家族の間からは、農繁期や不測の事態のときに利用できるショートステイ機能がほしいという要望が強くあがり始めていた。

[法学] [経済学]
NPO法人

[経済学]
介護事業

[法学]
介護サービス事業

[経済学]
経営

[倫理学]
社会と倫理

　Uは、E氏夫婦の在宅生活維持の強い希望をかなえるため

にも、法人代表に働きかけ、早急に敷地内にショートステイ部門を立ち上げるべきだと考えた。センター立ち上げ準備から尽力し、経営を安定させる原動力となっているUに信頼を寄せる法人代表は、新規事業としてショートステイ事業所を立ち上げることにした。

［医学］
チームアプローチ
［法学］
行政法

　認知症と診断された初診から6年が経過するなかで、I子さんは、専門職として認知症やアルツハイマー病について学んでいるセンター職員の細やかな配慮によって、センターを安心の居場所として認知している様子である。
　現在、I子さんは生活全般にわたって常時介護が必要な状態になっている。それでも、夫のEは、自分が元気なうちはI子さんを自宅で介護したいと強く望んでおり、Uもケアマネージャーとしてできるだけその気持ちに添いたいと思っている。幸いにも、主治医による往診をはじめ、訪問看護、訪問介護、定期的なショートステイの利用によって、当面、E氏夫婦を支えていくことはできるであろう。しかし、いろいろな利用者や家族に接してきた経験から、早いうちに入所施設を紹介してもいいのではないだろうかとも考え始めていた。

［心理学］
達成動機
［法学］
契約

考えてみよう！
・I子さんは最初に介護保険の認定を受けたとき、どのように感じただろうか。
・ケアマネージャーは、はじめてこの家庭のことを知り、どういう印象をもっただろうか。

事例 7

ある日、突然、障害を負った青年と家族の苦悩
～ようやく長いトンネルの出口が見えてきた！～

　H氏（男性）は、高校ではバスケットボール部に所属し、毎日、部活動に明け暮れていた。大学進学後にはアルバイトを始め、その金でバイクの免許を取った。そして念願のバイクを購入しツーリングを趣味とするようになった。大学2年の夏、ツーリングに出かけている時にカーブを曲がり切れず転倒。頸椎骨折という大事故を起こす。そして6カ月間の入院と、6カ月間のリハビリテーションセンターの入所を経て、事故から1年後に自宅へ戻る。自宅に戻ってからは、ほとんど外出せずだれとも会いたがらない。通学の手段がないことと、本人が復学する気がないため、休学していた大学はそのまま退学することになった。事故から3年経つ現在は、自宅にて家族による介護とホームヘルプサービスを受けている。

[医学]
頸椎骨折

　食事は腕に特殊なフォークを取り付けることにより、自力でとることが出来る。車椅子を使用し、水平なところでは腕でハンドリムを回し移動する。段差や傾斜があるところは介助を必要とする。ベッドから車椅子への移乗は母親と妹の2人の介助にて行う。排尿はバルーンカテーテルを留置している。排便は2日に1回、下剤を使用した上で摘便を行う。日中はほとんどベッド上で過ごし、テレビを見ている。

[医学]
介護保障

[医学]
尿閉
便秘

　本人は事故を起こした時のことをほとんど覚えていないという。しばらくは夢のようであり、自分の身に起こったこと

とは思えなかった。身体が思い通りに動かないことは信じられず、この不自由な生活は半年後ぐらいには終わるのではないかと考えていた。生涯歩けるようにはならず、車椅子を使った生活であると告げられたが、実感はわかなかった。事故後、半年ぐらいまでは夢のようであり、そしてきっとこれは本当に夢のなかの出来事なのだろうと思った。しかし、だんだん、毎日の生活のなかで実感を伴ってきたとき、やり場のない怒りがこみ上げてきた。リハビリテーションセンターに入所してからは、すぐに食事摂取の仕方について訓練を受けるが、「歩けるようになるんじゃなきゃ、リハビリは意味がない！」とリハビリを拒否し、食事も拒否することが続いた。母親もバイクの免許を取りにいくと言った時、なぜ止めなかったのか、そこで止めていたらこのような事態にならずに済んだのではないかと自分を責めていた。息子の一生を駄目にしてしまったのは自分の責任だ、自分が生涯をかけて息子を守らなければいけないと考えていた。そのような母親の気持ちすら、本人は負担に感じ、だれとも話をしたくない日々が続いていた。とくに、事故の前の自分のことを知っている人には絶対会いたくないと言い、高校時代の部活の仲間の面会はすべて拒否した。このような葛藤のなかでリハビリテーションセンターでの半年は過ぎていった。食事の摂取は自力にて行えるようになったが、それ以外の日常生活はほとんど介助を受けなければならず、これ以上、リハビリテーションセンターにいても日常生活動作の改善はみられないことから在宅へ戻ることになったのである。

　自宅に戻ってからの２年間は、ほとんどベッド上で過ごしていた。テレビを見ても笑えず、ただつけているに過ぎなかった。そして、またやり場のない怒りがこみ上げてもきた。その後、急に泣きたくなり、情けない気持ちに襲われることもあった。この気持ちの大きなゆれ動きをだれかにつなぎと

［倫理学］
自由

［社会学］
アイデンティティ

［法学］
人権
平等

［法学］
責任

［心理学］
自己呈示
性格

［法学］
自立

［心理学］
学習性無力感

事例７　ある日、突然、障害を負った青年と家族の苦悩

めてほしいと願いながらも、同時にだれとも会いたくないという矛盾した葛藤が最初の1年間は続いていた。そして次の1年間は、ほとんど無気力になっていった。何となくテレビをつけているに過ぎない毎日に嫌気も差してきた。この頃、ほとんど寝たまますごしていたために、仙骨部のあたりの皮膚が剝けてきた。その傷口から体液が滲み出してきて、そして発熱したために入院することになった。

　病院で治療を受けているときに、このままの生活を続けるとこの状態の再発は繰り返されるであろうから、生活習慣を変える必要があるだろうと言われた。「障害を抱えていても、前向きに今の生活を楽しんでいる人もいるのだから」と言われても、すぐにその気にはなれなかった。しかし、ソーシャルワーカーが「若いんだから、もっと外に出たほうがいいよ。もし、よかったら今度、一緒に外出してみよう」と誘ってきたので、何となく誘われるままに出かけることとなった。

　出かけた先は隣の市のスポーツセンターであった。ソーシャルワーカーと一緒に体育館に入るとバスケットボールをやっている人たちがいた。とても激しくぶつかり合い、そして楽しそうにプレイをしていた。遠くから見ているときには、気づかなかったがバスケットボールをしている人たちは、車椅子を使用していた。驚きと同時に、その明るさと輝きに圧倒されるような気がした。そのまましばらくプレイを見ていた。

　ゲームが終了した後、そのプレイをしていた人たちと会話をしたが、今の自分と目の前の人たちの明るさの違いに、どこか居心地が悪く、しっくりしない中で二言三言の短い会話となった。すぐにでもその場から立ち去りたいような気持ちにもなっていた。

[医学]
褥瘡

[法学]
事故

[医学]
発熱

[心理学]
感覚への欲求

[倫理学]
関係の自由

[法学]
社会参加
障害のある人の人権

[社会学]
社会的役割の安定化

帰りの車の中で、なぜ逃げ出したい気持ちになったのか黙って考えていた。自分自身に対する苛立ち、もうこの状態から抜け出したいという焦りの気持ち、そして急に湧き上がってくる何か出来るのではないかという気持ちの高まりが交錯していた。言葉にならないままに興奮した時を過ごしていた。今までに感じたことのない気持ちであった。

［法学］
個人の尊厳

　それから数日後、テレビを見ているとニュースで障害を持っている人たちがダイビングをしている様子が流れていた。バリアフリースポーツとしてダイビングを行っているのだそうだ。その映像を見ているうちに、いつしか自分が海の中を散歩しているような不思議なイメージが沸いてきた。「やってみたい！」衝動にも近い強い気持ちが湧いてきた。

［心理学］
観察学習

［倫理学］
自立と依存

考えてみよう！
・H氏の気持ちはどのように変化していったのだろうか？
・H氏がいまでも「ゆずれない」と思っているのは、何だろうか？

事例 8

人生の終焉の支援
～それぞれの家族の立場、専門職の立場～

　長年、病院勤務をしていた看護師Sは、入院患者の療養生活を支えながらずっと悩み続けていた。とくに、決して完治することはないということがわかっているターミナル期の患者に対して、人生の終わりの支援は果たしてこれでよいのだろうか、と答えが出ないままに仕事を続けていた。同じような悩みを抱えている看護師仲間がいたし、医師のなかにも同様の疑問を抱えている人がいた。時々、そのような仲間と食事をしながら語り合うことで、少し気持ちが楽になることもあった。そしていつか、現在の病院内のターミナルケアではない、豊かな人生の終焉を支援する実践を展開していくことを夢見ていた。

　そのような日々を送る中で「認知症高齢者のためのグループホーム」という新しいケアのあり方が注目されてきていることを知った。公的介護保険制度が始まる前のことであった。Sには、認知症高齢者ケアとターミナルケアは同じ地平線上のことに感じられた。どちらも特別扱いすることなく、だれの人生のなかでも起こりうることであり、自然にそれを受け止め、最後まで尊厳あるケアを提供することが必要なのだろうと考えたのである。Sは仲間に相談し、この事業を開始したいという熱い思いを打ち明けた。

　そのような熱い思いから始まったこの認知症高齢者対応グ

[社会学]
専門職性
専門職支配の構造

[法学]
自己決定
生きる権利・死ぬ権利

[倫理学]
死と倫理

[医学][心理学]
認知症

[法学]
人権

[倫理学]
人間としての平等

ループホームは、すでに開設してから7年の月日が経っていた。そしてここ数年、いよいよこのグループホームにおいて人生を終えたいという本人と家族の希望により、何人かの利用者の人生の締めくくりまでを支援するようになってきた。その中の一人がN氏（女性、86歳）であった。

　N氏はこのグループホームに来る前には特別養護老人ホームにて介護を受けていた。N氏は手が震えるために自力にて食事をとることも難しく、少し前までは小またにゆっくり歩行できていたが、最近は躓（つまず）くことも多くなり自力歩行も難しくなってきた。それに加え、物忘れもひどくなってきた。ケアワーカーはN氏の物忘れをあまり気にしていなかったが、ケアワーカーのことも家族のことも分からなくなってきているようだった。服の着脱を忘れてしまい、服を脱げず失禁することも増えてきた。このような状況で自分の思いを十分伝えることが出来ないN氏を見て長男の嫁は、少しでも義母の思いを察してくれるようなところへと考え、グループホームの入所を希望したのである。

　N氏と長男の嫁は、同居したことはなく歩いて30分程度の距離に住み、何かあれば助け合えるという程よい距離感にあり、お互いを尊重しあまり干渉しあうこともなかった。その分、長男の嫁は、義母の本当の望みはどのようなものであるのか明確には知りえていないのではないだろうかという迷いもあった。すでにN氏は自分の今後の生活をどのように送りたいのかということを言葉で表現することが難しくなっていた。長男の嫁は、その分、家族でN氏の思いを構築していかなければならないと考え始めていた。

　グループホームで入所の手続きをとる時に長男の嫁は、「ターミナル状態になった時、病院に入院するのではなく、ここで自然にそのまま人生を終えていくことを希望する」と

［法学］
個人情報

［法学］
介護保障

［医学］
パーキンソン病関連疾患

［心理学］
忘却

［医学］
失禁

［法学］
契約

［社会学］
家族・ライフコース

［法学］
個人の尊厳
宗教

［倫理学］
死生観

いう家族の要望を伝えた。そしてＳもそれを受け入れた。

　最初の１年半は、Ｎ氏は生活上のほとんどのことを介護者に支援してもらっていたが、それでも穏やかに過ごしていた。しかし、その後、食事中にむせることが多くなり、食事をとることも難しくなっていった。この頃からグループホームではＮ氏の食事形態を介護食に切り替えた。日中ほとんどベッド上で過ごすようになり、言葉を掛けられた時のみゆっくりと目を開け、またすぐにまぶたを閉じてしまうようになった。この頃、このグループホームの開設を応援してくれていた仲間の医師が訪問診療を申し出てくれた。そしてそろそろターミナル期に入っていることを告げられた。ＳはＮ氏の長男の嫁にそれを伝えた。Ｓは自分自身が看護師であるが、状況を客観的にみて支援してもらえるように仲間の看護師に訪問看護をお願いすることにした。

[医学]
誤嚥

[医学]
食事形態

[法学]
社会保障

　Ｎ氏はだんだん食べ物を受けつけなくなり、介護者の勧めによりちょっとの水分をとるのがせいいっぱいになっていった。この頃、ＳはＮ氏の家族がいつでもそばにいられるように、グループホーム内に家族の休める場所を作った。食べ物を受けつけなくなってから７日目、静かにＮ氏は人生を終えられた。

　Ｎ氏を看取った後、スタッフによるカンファレンスの場でそれぞれの介護者が自分の思いを打ち明けた。このグループホームに勤めてまだ３カ月で21歳のＹ（女性）は「正直、ターミナルケアに関わるとは考えていなかったので、かなり心配だった。自分が夜勤の時に亡くなったらどうしようって。でも、万が一の時の対応マニュアルがあることを知り、そしていつでも連絡していいって言われて少し不安は軽くなった。今は、Ｎ氏の最後にお付き合いできてよかったと思っている。

[心理学]
グリーフワーク

[法学]
介護事故

[社会学]
感情労働

亡くなった後の顔がとても健やかな表情だったのが印象的だった」と語った。同様の声が何人かから聞かれた。

　N氏が亡くなった後も、N氏の長男の嫁は時々このグループホームにやってきた。義母が好きだった座り心地のよい椅子をグループホームで使ってほしいと寄贈してくださった。そして時々やってきてはしばらくその椅子に座っていた。何名かの利用者さんとにこやかに話されて帰っていくことが続いた。N氏が亡くなって半年後、長男の嫁は「実は、夫の兄弟からはこんな小さなところに入れたから、母さんの人生は短くなったんじゃないかって言われたんですよね。それに対して何も言えなくて……。でも、今は、やっぱりここでよかったって思えるようになりました。本当にありがとうございました」とSに打ち明けた。そのようなやりとりがあったことをSはまったく知らなかった。長男の嫁の訪問は、その後、めっきり少なくなった。
　Sは人生の支援の奥深さを改めて考え始めていた。

[法学] 相続

[倫理学] 当事者性

[法学] 責任

[倫理学] 関係としての死

考えてみよう！
・Sが新しい事業を始めるときに、皆と熱く語った内容を想像できる？
・「死」はだれのものか？

事例8　人生の終焉の支援

事例 9

俺を赤ん坊扱いするのか！
〜高齢者の叫びと家族の苦悩、そして衝突〜

　H氏（男性、92歳）は、長年、農業を営んできてその地域において農作物の栽培法に関する講師も勤めてきた。しかし身体的にもきつくなってきたことから、ここ数年は長男にほとんどの仕事を任せるようになってきた。毎年、5月、6月の農繁期は、家族は寝る暇も惜しんで働くことになる。1年前の5月から、H氏の言動が少しおかしいことに家族は気づいた。

　忙しさの余り、家族は丁寧にH氏の意向を聞かず、どんどん農作業を進めている日々が続いたが、ある時、H氏が高額な耕運機の購入手続きをしていることを、農協からの連絡により知った。H氏の家には、まだ新しい耕運機があり、それを購入する必要はないはずだと家族は考えた。長男がH氏に問いただすと、「前の耕運機は盗まれてしまったから、新しい物を大至急購入しないと今年の栽培に間に合わないだろう！」と怒鳴り返された。長男が納屋の並びの耕運機置き場にH氏を連れて行き、耕運機があることを確認してもらおうとすると「これはうちの耕運機じゃない！　よそ様の物を勝手に持ってきちゃいけない！　早く返して来い！」とまた怒鳴られることになった。どう説明しようとしても話がかみ合わないため、長男は自らH氏が契約を進めた耕運機の購入をキャンセルした。長男はこの件以降、父親から通帳を取り上げた。この頃からH氏は家族を目の敵にするようになった。攻撃の対象は、主に長男とその嫁だった。

［社会学］
家族

［法学］
契約

［法学］
犯罪

［心理学］
認知的不協和

［法学］
契約
消費者保護

「K子（長男の嫁）は、ろくに家事もしない。ここ数日、食事も出してもらえず、いい年をしてこんな仕打ちを受けるなんて、本当に情けない。息子はあの嫁の言いなりになっている。息子は本当にふがいない」と、近所に話して回っていた。近所の人は、その話を真に受けるではなく、聞き流していたが、いつしかうわさは長男と嫁の耳にも届いた。この話を聞いて、長男もその嫁も本当に悲しくなってきた。

［法学］
家族

長男の嫁が市役所の福祉課に問い合わせると、市内の地域包括支援センターに相談するように勧められた。長男の嫁はさっそく相談に行った。日中、義父に丁寧に関わることが出来ない申し訳なさと、それでも義父の夫と自分に対する言いがかりに近い言動を許せないという気持ちが入り混じっていることを打ち明けた。長男の嫁はこのままではいがみ合ったとても辛い日々が続きそうなことに、大きな不安も感じていた。相談を受けたケアマネージャーは、要介護認定を受け、そしてデイケアを利用することを勧めた。「日中、ゆっくり地域の他の高齢者とともに過ごし食事を取ったり風呂に入ることで、少しは気分も変わるでしょう」と長男の嫁に説明した。

［法学］
行政法

［法学］
介護サービス

［心理学］
オペラント条件づけ

H氏は、日中デイケアに行くことを好まなかった。自分はとても元気であり、そのような場所に行く必要はないと主張した。しかし家族は、「家の狭い風呂ではなく、たまには大きな風呂に入ってきてください」とお願いし、渋々、週に2回、デイケアに行くこととなった。

［法学］
人権

H氏がデイケアに行き始めてから、少しの間、家族の精神的負担は軽減したように思えた。しかし、H氏のやり場のない憤りは収まることがなかった。「家族にお荷物だと思われて、こんな仕打ちを受けて。本当に情けない」と考えると、

苛立って眠れない日々が続いた。そのような日が続いた後に、今度はデイケアに来た時にH氏はケアワーカーに相談を持ちかけてきた。「最近、K子が俺のご飯にだけ、毒を混ぜている。だから身体がおかしい。もし俺が死んだら、絶対、このことを警察に言ってくれ」とケアワーカーに言ってきたのだ。その話を聞いたケアワーカーは驚き、ケアマネージャーに報告した。 ［法学］介護殺人

　苛立ってゆっくり眠れないH氏は、段々生活リズムが崩れてきた。そして意識がもうろうとしているためにトイレの失敗も増えてきた。長男の嫁が朝起きてトイレに行くと、必ず便器の周りがビショビショになり、激しい尿臭がするようになってきた。これは義父の私に対する嫌がらせではないかと考えてしまったり、そう考えている自分が情けなくなってきたりもした。段々、長男の嫁もやり場のない憤りを強く感じるようになってきた。 ［法学］支援者

　H氏と家族の緊張した関係は、ますますひどくなっていった。H氏はゆっくり眠れず神経が高ぶった状態がしばらく続いている。病院で診療を受けているときその事を伝えると、医師は睡眠剤を処方してくれた。睡眠剤を飲むようになってからは、夜中に起きることはなくなったが、今度は夜間の失禁が増えていった。布団までぬれることもよくあった。そこで家族は、夜間はオムツを着用することをH氏に勧めるが、「俺を赤ん坊扱いするのか！」と怒鳴り、オムツを使用することを拒んだ。それでも夜中の失禁が続くため、家族はH氏が寝入った後、しばらくしてからそっとオムツをつけるようになった。明け方近くに濡れたオムツを外しぼろぼろにして怒りまくることが度々あった。このようななかで長男もその嫁も気持ちに余裕がなくなり、H氏に対し憎しみに近い感情を抱く瞬間も起きてきた。そのような時に、長男の嫁は本人 ［法学］高齢者の人権　［医学］失禁　［法学］個人の尊厳　［倫理学］自立と依存　［心理学］自尊感情

が自分で脱ぐことが出来ない介護服という名称のつなぎ服があることを知った。オムツ着用後、この介護服を着せればオムツを外すことはなくなる。疲れ果てた長男の嫁は迷わずそれを購入し、使用した。

夜中に寝ている間にオムツを当てられ、さらに介護服を着させられたH氏は、明け方目が覚めてから腰周りが気持ち悪くても脱ぐことが出来ず、いらいらして騒ぎ出した。明け方に大騒ぎとなり起こされた長男は、ついに堪忍袋の緒が切れ、力いっぱい父親を布団に押し倒していた。そして次の瞬間、父親に手を上げていた。

[倫理学]
関係性と倫理

[法学]
刑法
事件

[社会学]
暴力・虐待

[心理学]
情動

デイケアの送迎時、H氏の様子がひどく落ち込んでおり、顔にあざがあることに気づいたケアワーカーは戸惑いを隠せなかった。長男の嫁は「ちょっと親子喧嘩したもんですから」と言っていた。この日以降、H氏の表情は曇り、デイケアでもジッと目を閉じうつむいていることが多くなった。
このままではまずいのではないかとケアワーカーたちは感じ始めていた。

[法学]
相談

[倫理学]
生存権

考えてみよう！
・耕運機を盗まれてしまったというH氏にとって、大切なことは何だったのだろうか？
・「赤ん坊扱い」はなぜいけないのか？

事例 **10**

忙しさのなかで見失っていたもの
~組織のなかの中間管理職~

　特別養護老人ホームの介護主任のN（女性、32歳）は、最近、心身ともに慢性的な疲労がたまり、気分がすぐれない。仕事を離れても職場のことが気になり休んだ気がしない。しかし、その反面、今の仕事に対する気持ちは大きく薄れてきてもいる。

　「10年前にがむしゃらに仕事をしながらも、毎日、大笑いしていたころが懐かしいなぁ。あの頃は利用者さんと過ごす時間が何よりも楽しかったな。職場で笑わなくなったのは何時からだろう」。

　多分、職場で笑わなくなったのは2年前に介護主任になったころからだろう。「介護現場に入って10年経つのだから、そろそろ責任あるポジションに」、と言われなんとなく主任という役割を引き受けてしまった。主任になる前にも、もちろん職場で笑ってばかりではなかった。介護職員として働き始めて2年目、夜勤のときに容態が急変したサービス利用者が出た後には、しばらく一人で夜勤をするのが怖くて仕方がなかったこともあった。大好きで自分の祖父のように慕っていたサービス利用者が亡くなり、大きな喪失感に襲われたこともあった。それでも仕事に対する充実感を感じないことはなかった。

　今はとにかくいろいろなことに追われ、忙しい。仕事量は

［法学］
労働
権利

［心理学］
リーダーシップ

［社会学］
組織

［法学］
介護事業
労働契約

［社会学］
役割

［法学］
介護事故

［医学］
介護負担感

［経済学］
長時間労働

とても増えているのに、なぜだか充実感は感じていない。毎日イライラしていて、失敗をした後輩につらく当たってしまうこともある。その後には決まって自己嫌悪の感情に襲われる。後輩から怖がられていることぐらい十分に分かっている。最近では、相談に来る後輩はほとんどいない。こんな日々が始まってそろそろ２年になろうとしている。

　今、介護主任をしているフロアは、認知症の人が20名、生活をしている棟である。ここにはいろいろなサービス利用者の方がいる。その中の一人、Ｙ氏（女性、86歳）は、若い頃に学校の用務員をしてきた方である。今でも、早番の職員が来るよりはるか前に目を覚まし、フロアの掃除を始めている。Ｙ氏にとっては、ここは若い頃に仕事をしていた小学校なのだろう。「さぁ、おっかない教頭先生が来る前に、きれいにしておかないとね」が口癖である。最近、このＹ氏の様子が少しおかしい。

　早く起きて掃除をしているときに、突然、険しい顔になることがある。そして、まだ寝ている他の利用者に向かって「何時まで、眠り込んでいるんだい！　とっとと起きて仕事に行きな！」怒鳴りだす。怒鳴られた利用者は、おびえながら起き出す。なかにはＹ氏に怒鳴り返す人もいて、ちょっとした騒動になることもある。これが朝の５時の出来事である。

　早番の職員が来る前のことなので、フロアには職員は夜勤者１名しかいない。そのため十分な対応が出来ないということがフロアの職員の悩みになっている。このＹ氏のことがフロア会議で取り上げられた。
　「今の状態では、他の利用者さんに迷惑がかかるから、Ｙ氏が静かにしていられるような方法を考えてもらいたい。精神科医に診てもらう必要があるのではないか」という意見が

［社会学］
官僚制

［心理学］
攻撃のカタルシス効果

［法学］
支援者

［法学］
介護サービス

［医学］［心理学］
認知症

［法学］
従事者

事例**10**　忙しさのなかで見失っていたもの

圧倒的であった。精神科医に診てもらいたいという職員たちの気持ちのなかには、睡眠剤を処方してもらうことにより対処したいという暗黙の了解があるようだった。これに対し、Nはとても強い憤りを感じた。「薬を処方してもらうことにより対処するというのでは、介護職員のいる意味がないじゃない。それでよいと思うの？　もっと他の方法は考えられないの？」。Nの強い口調に他の職員たちは、皆、黙るしかなかった。具体的な解決策が見つからないままその日の会議は終了した。

[法学]
介護保障
人権

[倫理学]
価値と規範

[法学]
苦情解決制度

　数日後、Nは、職員のステーション内にあるトイレのドアの内側が血で汚れていることに気づいた。よく見ると壁に手の後のような血痕も残っている。気になり、他の職員に聞いてみるがだれも知らないという。どこかよそよそしく、目も合わせようとしない。変な胸騒ぎがした。

[心理学]
他者の影響

　フロアに出て、ひとりひとりの利用者に目を向けると、しばらくして弱りきったY氏を発見することができた。バンドエイドが貼られているが、指先は爪の間から血が滲んでいることがすぐに分かった。Nは居ても立ってもいられず、今日の夜勤明けの職員K（女性、22歳）に電話をかけて確認してみた。最初は「知りません」の一点張りだったが、Y氏の手にバンドエイドが貼られていることを口にすると、電話の向こうで泣きながら、その朝にあった出来事を話し出した。

[法学]
介護事故

　今日も早く起きて掃除を始めたY氏は、他の利用者を怒鳴って起こし、トラブルとなりかけた。慌てたKは、Y氏にステーション内のトイレの掃除をお願いした。そしてトイレの外側から鍵を掛けてしまった。鍵の開け方を忘れているY氏は、怒鳴りながらドアをどんどん叩いていた。しかし、どう対処すればよいかわからないKは、早番の職員が来るまで、

[社会学]
虐待

[倫理学]
職業倫理

そのままにするしかなかったという。

　Kは電話の向こうで、泣きながら自分自身のやったことを責めている。しかし、同時にどのようにすればよかったのか今でも分からないと言う。そして、つらくてつらくて仕方ないから、もうこの仕事は続けられないと言った。「仕事を続けるか辞めるかは、落ち着いてから、きちんと話をしましょう」、そう言って電話を切って、考え込んでしまった。

　もしかしたら、今日の状況は自分が作り上げたのかもしれない。みんなできちんとY氏への関わり方を徹底して話し合うことができなかったから、経験の浅い職員であるKは対応できなかったのかもしれない。精一杯の対処が、トイレに閉じ込めるということだったのだろうか。こんな状況を作り上げてきた自分の仕事は何だったんだろうか。介護主任になってから、主任業務ということの意味がまったくわからないまま今日を迎えていたことと、自分のつらさにばかり目を向けていたことに今、初めて気づいた。自分がY氏とKのためにできることは何だろうか。絶望のどん底に落ち込みながら、でも同時に一縷（いちる）の望みが見えてきたそんな瞬間でもあった。

［法学］
労働契約

［心理学］
フラストレーション耐性

［社会学］
意図せざる結果

［法学］
ケアプラン
支援者育成

［心理学］
燃えつき症候群

［心理学］
動機づけ

［法学］
法と道徳

［倫理学］
介護倫理

考えてみよう！
・介護福祉士の「やりがい」は何だと考えるか？
・介護者同士の意識のズレはしょうがないことなのだろうか？

事例と理論をつないでみよう！

事例1　ムラサキに塗られた総入れ歯の思い出

　法学の勉強では、人物の姿をきちんと見つめ、その人たちの思いをしっかり想像することがとても大切です。事例1では、皆さんと同じように介護福祉の専門家を目指すTという人物が登場します。このTさんは、同居していた自分の祖父が認知症になりました。周囲を驚かせることがいろいろと起きたところから、家族もその状況についてともに悩みました。なかでも、Tさんはムラサキ色に塗られた総入れ歯の出来事に、ショックを感じながらそのことを受け入れる努力を続けました。自分が祖父のことをあまり分かりもしないままにいたことには悔しさも残り、将来を考え直したのです。あらためて学校に入学して介護福祉の仕事に再就職することにしました。資格を取得するための勉強は難しいところもありますが、自分のなかの思いを大切に抱きしめて勉強を続けました。この事例から法学を学ぶのに大切な視点は次のようなものです。

大切な視点①　祖父は「法律ばかりが大量にできる日本は、きっと物忘れ社会なんだと思う」とメモしていた。社会において法律が果たす役割は？

大切な視点②　社会の基礎にある「法」の考え方はどうなっているのか？

⇨　理論編　第1章を中心に。他の章もあわせて読んでみる。

事例2　退職後の人生

　法学の勉強を始めようとして最初につまずくのは、あまりに多くの知識があって、その専門用語も難しそうな言葉ばかりだからです。事例2では、仕事に就いてがんばる娘と、そばで見守る父親の姿が描かれています。また、介護の仕事を始めたばかりのTは、毎日の業務に追われて忙しく日々を送っています。介護の資格は社会的な要請のなかでできたものですし、このTも利用者の人生の全体に関わりながら働いています。だから、介護の仕事を実践するとさまざ

まな法の課題と問題が入り混じってきます。働き始める前の学生の間に、そういう「介護と法」の全体的な関係を最初に整理しておくと、イメージがはっきり持て、自信もついて、家族の心配を吹き飛ばす強さになるはずです。「法」と向き合う介護職の世界をしっかり把握しておきましょう。この事例から法学を学ぶのに大切な視点は次のようなものです。
大切な視点①　がむしゃらに働く若い介護職がさまざまな法に関係しながら働かねばならない視点の大切さが学べる。一体それはどういうものか？
大切な視点②　介護職と法との出会いを整理するためのポイントは？
⇨　理論編　第2章を中心に。他の章もあわせて読んでみる。

事例3　やさしくなれない、先が見えない

　事例3を読んでみると、だれにとっても老いることは避けられないと気がつくでしょう。なんらかの病気も、多くの人には突然とも思えるかたちで降りかかってきます。まずはどう考えるか。たいがいは、家族のなかで家族が何とかしなければと考え始めるものです。しかし、そういうことがわたしたち人間に必ず起こるとすれば、それはもはや社会全体の課題だと考えることも大切です。実際、わが国では、こういう事態を「みんなに起こること」とし、社会的なリスクとして捉える社会保障の議論が盛んです。このなかで介護保障の制度が生まれました。登場するWさんの出来事は、いまや日本の「みんなの現実」なのです。この事例から法学を学ぶのに大切な視点は次のようなものです。
大切な視点①　事例のなかで、「みんなの課題」と思えるものは何か？
大切な視点②　社会的なリスクについて、どのような制度で対応し、解決することができるか。その場合に大切な考え方はなにか？
⇨　理論編　第3章を中心に。他の章もあわせて読んでみる。

事例4　病院でずっといたい

　事例4に登場する患者のTさんは、精神障害に苦しんで暮らしています。本人が幻聴・幻覚に困惑するときには、周囲としてもその行動に不安が高まり、措置入院などの強制的な対応に発展することがあります。そういうときには、周囲の判断で本人の自由が制約されることも多く、本人の人権をあらためて考

えてみることの大切さが指摘されねばなりません。また、最近は認知症の高齢者も精神科への受診につながることが増えていますので、介護の仕事をすると、これらはたいへん身近な話題です。人権という言葉は介護の基本を考える中心的な概念ですが、これは簡単ではありません。しっかり考えて議論をしてみましょう。この事例から法学を学ぶのに大切な視点は次のようなものです。

大切な視点①　事例では、精神障害者の入退院における関わりの難しさが示されている。人権との関係では、どういう場合が難しいか。

大切な視点②　そもそも人権という考え方はどういうものか？

⇨　理論編　第4章を中心に。他の章もあわせて読んでみる。

事例5　だれかがそばにいてくれた

　事例5を見ると、肢体不自由ながら両親と大切なわが家で生きてきた人の意思ある希望を知ることができます。そのたびに周囲の支援を依頼する強さと、そのために生涯教育で学ぶ自立の精神などが示されています。自立を求め、そのための苦労をあえて選んだ選択的な生き方です。しかし、こういう生き方は困難も伴います。そのたびに他者に関係を求めるといっても、その他者を信頼するしかない本人に対し、その他者からうらぎりのしっぺ返しがあることも考えられるのです。あるいは、自分はやましいことがなくとも、世間の差別的な目が障害者の生きにくさを広げ、居場所を失って生活苦を導く場合もあります。この事例から法学を学ぶのに大切な視点は次のようなものです。

大切な視点①　事例では、周囲との信頼関係をいかに形成できたのだろうか。

大切な視点②　介護職と本人との間で裏切りが生まれるとしたら、法はどのようにそれを咎めるのか？

⇨　理論編　第5章を中心に。他の章もあわせて読んでみる。

事例6　妻の心が壊れていく

　事例6では、代々農業で生計を立ててきた家庭での、介護サービスの利用が描かれています。日本の専業農家は戦後の農業政策のなかで行政の方針に左右されながら、一家で力を合わせる存在でした。そういう農家で苦労をともにしてきたしっかり者の妻I子さんが、つらい状況になることは、悲しいものでし

ょう。しかも、その家の生計維持や今後の事業計画にも直接の影響をもたらすでしょう。事例では、介護保険の認定審査を受け、ケアマネジャーに策定されたケアプランから、通所介護サービスの利用に至るまでの過程が、具体的に示されます。この事例から法学を学ぶのに大切な視点は次のようなものです。
大切な視点①　介護サービスに関する行政の仕組みはどうなっているか？
大切な視点②　家族を支えるために知っておくべき行政の法はなにか？
⇨　理論編　理論編　第6章を中心に。他の章もあわせて読んでみる。

事例7　ある日、突然、障害を負った青年と家族の苦悩

　事例7では、大学2年生のときに事故を起こしたHさんとその家族が障害を受け入れる苦労が見られます。悔しさがにじみ、苛立ちとあせりのなかで模索する日々です。介護職が強圧的であれば、本人の悔しさに追い討ちをかけることになるでしょう。だから、本人の自己決定を尊重する姿勢が必要です。介護サービスについては、本人の意思を重視することが大切だといえます。そして、このことは、介護を受ける人びとが高齢者であっても、忘れてはならないことだといえるでしょう。だれでも、自分のことがうまくできない悔しさと、そのために挫折しかかるプライドを心に秘めながら、介護サービスを利用しています。この事例から法学を学ぶのに大切な視点は次のようなものです。
大切な視点①　本人の自己決定を尊重する契約はどうあるべきか？
大切な視点②　本人の権利擁護を実践する介護業務のポイントはなにか？
⇨　理論編　第7章を中心に。他の章もあわせて読んでみる。

事例8　人生の終焉の支援

　事例8を読むと、介護は人生の総仕上げに関わる大切なものだと改めて考えられます。もしかしたら、利用者が最後に話をする相手はあなたかもしれません。つまり、介護はただの時間労働ではなく、それほどの責任が重くのしかかる専門業務です。この重圧に押しつぶされずに、よりよい介護の現場を作っていくためには、やはりその職場が高い理念を持ち、みんなで存分に能力を発揮しあえる場所でなければならないでしょう。そのための仕事場作りも、介護の大切な課題です。この事例から法学を学ぶのに大切な視点は次のようなもので

す。
大切な視点①　介護労働において大切な法の知識はどういうものか？
大切な視点②　介護事業所や介護労働者の権利義務はどうなっているか？
⇨　理論編　第8章を中心に。他の章もあわせて読んでみる。

事例9　俺を赤ん坊扱いするのか！

　事例9には、家族への憤りを爆発させる高齢者のことが書かれています。そして、その家族も親子喧嘩の形で、その高齢者にケガなどを負わせているようです。現在の日本では、実際、こういう介護現場での行き違いやもめごとが暴力の結果になってしまう残念な出来事が、少なくないといわれています。しかも、本来は親子のトラブルなどの間に入って調和を生み出さなければならないはずの介護職が、争いの当事者になって事故や事件を引き起こすことさえもあるのです。この事例から法学を学ぶのに大切な視点は次のようなものです。
大切な視点①　介護に関係した事故と責任にはどういうものがあるのか？
大切な視点②　介護に関係した事件はどうして起きてしまうのか？
⇨　理論編　第9章を中心に。他の章もあわせて読んでみる。

事例10　忙しさのなかで見失っていたもの

　今、介護の現場では若い職員も早くから責任者となって職場をまとめています。学生の皆さんも、近い将来に事例10のような介護主任の立場になることを想定して法学の勉強をしましょう。そのときには、他のスタッフの苦労をも把握することが不可欠です。そしてさらに、同じ介護仲間として、利用者の家族とも目線をそろえながら協働できるとよいでしょう。つまり、もっともっと「介護者」を知り、仲間として「介護者」を支えあえる考え方の滋養が大切です。この事例から法学を学ぶのに大切な視点は次のようなものです。
大切な視点①　介護者の悩みを共有するシステムはどうあるべきか？
大切な視点②　介護者を支えあえる法的な支援のポイントはなにか？
⇨　理論編　第10章を中心に。他の章もあわせて読んでみる。

第1章

法学の考え方
―基礎の基礎からはじめよう―

梶原洋生

　法学は、難しそうだという人がとても多い学問です。実際に学生のみなさんに尋ねると、たくさんの人が苦手だといいます。しかし、介護の現場では、「難しいけれど、必要だ」というのが、大方の意見です(注1)。じつは介護の現場にとって、法学の知識や理解は、拠り所とでもいうべき役割りを果たしているのです。

　法学を勉強してみようとする人が最初にぶつかる疑問は、「そもそも法学とは何か」だと思います。この章では、まず「法」というたった一文字を対象にするこの学問の考え方について、基礎の基礎から学んでいきたいと思います。

Ⅰ　法の世界

1．法の定義

　さて、ここでは法の考え方をより身近に見ていきましょう。介護の現場から、少し述べてみます。

　介護職は利用者に向かって「あなたはあなたらしく生きていいはずだ」と言ったり、「自分を大切にしてほしい」と言ったりします。言い換えればひとりひとりを重んじて、個人の、その人らしい人生を守るのだといっているのです。

　ところが、その一方で、「共生社会はみんなで築くもの」、「社会が福祉を育てる」と言うこともあります。この場合には、集団の力に期待を寄せているのです。

　このように、人は「各自がそれぞれ」だとしながら、人は「みんなであわせながら」やっていくべきだということにな

(注1)
ドイツの法学者であるイェーリング（Rudolf von Jhering）は1872年に『権利のための闘争』を著し、「法の目的は平和であり、これを達成する手段は闘争である」と述べた。また、「法は単なる思想ではなくて、生きている力である」と述べた。また、イギリス人のロック（John Locke）は自然法論者として法思想史上重要だが、1689年に『市民政府二論』を著し「法の目的は自由を廃止または制限するものではなく、それを保持拡大することにある」と述べた。

ります。これらのどちらも大切であることは疑いの余地がありません。つまり、矛盾しそうなこの2つの考えを両立させる必要が出てきます。

でも、それはとてもたいへんな要求です。「ひとり」と「みんな」の両方を大切にするのは、至難の業ではないでしょうか(注2)。

じつは、人類は、有史以来常にこの問題と向きあってきました。「ひとり」と「みんな」の両立のためにバランスをとるワザ(**社会的技術**)を必要としていたのです。その後、試行錯誤を繰り返して今日に至っています。

そして、そのワザ(社会的技術)のひとつが「法」なのです(注3)。私たちは法を作って、そういった工夫を探ってきた生き物なのです。人類の、その社会的な工夫のワザとして、法というルールを生成発展させてきたのだと捉えることができるでしょう。

ここで、学問上、法の概念についての定義を見てみましょう。

各種議論もありますが、広く一般的には、「法とは、組織された政治権力、とくに**国家権力**によって**強制力**を担保された、**社会規範**である」と言われます。

もっと端的に言ってみましょう。

この波線を引いた部分は、比較的な特徴を示していますので、この部分を指で隠してみてください。すると、「法とは、(ある種の特徴を持つ) 社会規範である」となります。

(注2) ドイツで19世紀に活躍したギールケ(Otto von Gierke)は『ドイツ団体法論』という大作を残したが、その大仕事は「人の人たるゆえんは、人と人との結合である」という一句の主張から始められている。

(注3) ラートブルフ(Gustav Radbruch)は法の目的に①正義、②合目的性、③法的安定性を掲げたが、これは今日の民主主義を考えることにもつながるから参照されたい。

表1

一般的定義	法とは、組織された政治権力、とくに国家権力によって強制力を担保された、社会規範である
ズバリ！	法とは(ともかく)社会規範である

つまり、法は社会規範です。法は社会（世の中）における規範（ルール）です。言い換えると、法の根本的な意義とは、人びとのなかでルール化したものを認めようということにあります。

２．法の原則と違反・例外

こうやって述べてくると、すごく当たり前な定義だと見えるでしょう。おおかたのみなさんに納得のいくものだと思います。じつは、この定義から、法の仕組みについて考えることができます。

社会規範以外のルールと比べてみるとわかりやすいでしょう。

私たちはここにまず存在しています。人間の存在は自然界のルールによって支配されています。

だから、自然のなかに存在していると、それだけでさまざまなことが決まってきます。「地球は自転する」という決まりにのっとって私たちは暮らしていますし、「地球上の物体は重力を受ける」というような決まった事実のなかで生きていることに気がつきます。

これらを**自然法則**(注4)と言いますが、私たちはこれに従って日々を過ごしています。つまり、ルールに従っているのです。介護福祉士の資格を取る勉強のなかでも、「医学」や「心理学」、「介護技術」の科目で、これら自然法則というルールに従った暮らしの知恵や技術が学べます。

そうすると、私たちは生物ゆえに自然界の一員としてこの『自然法則』に従いながら、そのうえ、さらに人類として社会を形成しては『社会規範』に従って生活していることになります。二重のルールに従って日々をすごしているのです。

ところが、自然法則も社会規範も、「○○の場合には」→「▽▽となる」という形の命題で、どちらも一定の条件と結

(注4) もっとも、自然法則の性質・定義についても各種の論争が展開されてきた。とりわけ科学哲学の分野では昨今も議論が深められているところである。

果のつながりを示すものですが、中身はずいぶんと異なります。表2を見てください。

表2　私たちが従っているもの

自然界のルール（自然法則）	存在（こうある）に関するもの	自然界のルールには逆らえない！
人間界のルール（社会規範：法など）	当為（こうあるべき）に関するもの	人間界のルールには例外や違反が！

　表2を見比べれば、それぞれの仕組みが少しは見えてくると思います。まず、私たちは自然界における存在のありようを示すこの自然法則には逆らえません。もしもどこかの科学者が自然法則と考えて発表したものでも、それに反する事実が見つかれば、その法則の発表は誤りだったということになるでしょう。

　しかし、社会規範は違います。これに違反する事実はたびたび見受けられます。人間界の団体ルールとして「こうでなければならない」と取り決めていても、決められたことに違反する事実や例外的な事由は必ずあるものです。

　むしろ、人間界のルールである以上、それを定めるときに最初から違反者などの存在は想定されています。そうやって法を破る人がいるからこそ、このルールは必要であり、正当なのだとさえ言えるでしょう。

　法のこういった社会規範としての位置づけを最初に理解しましょう。つまり、法における原則の大切さだけでなく、例外や違反の現実をあわせて認識しながら理解する必要があります。

　もちろん、法の**原則**には重要なものが多く定められています。しかし、その違反のなかにも、学ぶべきものごとがあります。やむなき**例外**や**違反**がある人の厳しく複雑な現実を映

しだしているのだと知ることも、福祉関係の仕事をしていくならば、欠かせない視点です(注5)。

この本の各章は、そういった法学の多面的な構造を、全体として学べるように構成されています。勉強していくなかで、人の暮らしの複雑さや思いの多様さを学ぶことができるはずです。

Ⅱ　生ける法

しかしながら、法の知識を蓄積すればトラブルは解決できるというわけではありません。それほど簡単に事が運ぶならば、そもそも裁判制度なんていう争いのシステムはいらないのです(注6)。裁判は人でなくコンピュータで行えばすむかというと、やはり、そう単純ではないのです。

トラブルは、多くの場合に、各当事者同士が、それぞれが自分なりのもっともな言い分を抱いています。しかし、互いに言いたいことを言い続け、自分の考えや思いにだけ固執していたのでは、社会が成り立ちません。

法の世界では、それらに応じるために時代や社会の動きや風潮を考慮し、その時々の状況にあるそれぞれの事情を勘案する姿勢が基本です。そうして、それらに応じた微妙な評価や判断を通じて、人びとの利害のバランスを模索する生きた世界なのです。

1．法と道徳

では、人間は法がなければうまくやっていけないのでしょうか。じつは、そうとは限りません。

太古には、法が制定されない時代だってあったのです。それでも、人は集団を形成し、そのなかで認め合いながら暮らしてきたのです。では、法が制定されない時代、人はどのように力を合わせたのでしょうか。そのコツは人として「こう

(注5)
わが国に存在する法規のなかには、一般的な原則で禁止したものに関して、特別な条件のもとに例外を設ける規範があり、これを「許容規範」と呼ぶこともある。たとえば、正当防衛や緊急避難などに関する規定とか一定の条件下で堕胎を認める規定がそれである。医療行為なども傷害罪成立とはならない点で、同様の例外的な許容性が構造上指摘できる。介護職も医療関連の処置を行う場合には、この例外的な行為であることを理解しておく必要があろう。また、民法にたいする商法のように、一般法に対する特別法の関係にあってその分野の特別性を維持するものもある。

(注6)
争いの先例として機能しうる裁判例や判決例のことを判例と呼ぶ。判例となりうるのは、最高裁判所、大審院、（上告審としての）高等裁判所の判決が主で、これらは最高裁判所判例

すべきである」とか「そうはすべきでない」とかといった互いの配慮にあったと思います。言い換えれば人としての「**道徳**」です(注7)。

どの社会にも、そのなかで築かれた道徳の意識というものがあります。今でも、私たちはこれに反しないように心がけているはずです。だから、「道徳」というものも、人間社会の約束の一種であり、社会規範です。

たとえば、「他人のものを盗んではいけない」とか「だれかを殺してはいけない」とかのルールは、私たちにとってもなじみのある考え方ですが、それは「法」で定められているだけでなく、「道徳」としても意識されているものだといえるでしょう。この行為は、いわば法と道徳によって二重に禁止されていると見ることができます(注8)。

ここで、法と道徳の関係を考えてみましょう。この関係をわかりやすく整理して図にしました。

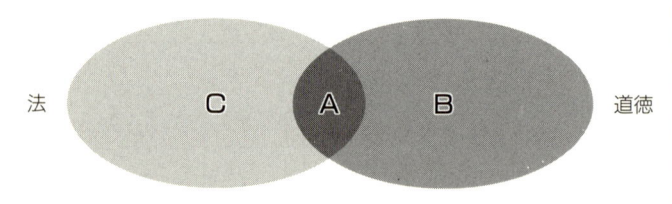

図1

法　　C　A　B　　道徳

C：法的に要請する例	A：法と道徳で二重に要請する例	B：道徳的に要請する例
・青信号は進んでよい ・歩行者は右側通行 ・新税制を作る	・人を殺してはならない ・他人の物を盗んではいけない	・好き嫌いはしない ・笑顔を大切に ・友達のことは信頼しよう ・年上に敬意を

集、大審院判決録、大審院判決集、高等裁判所判例集に収められている。下級裁判所の判決にも、その内容に応じた先例的拘束力が考えられれば、判例のひとつと呼ぶ余地がある。

(注7)
この場合の「道徳」は社会道徳ないし倫理とも呼びうるもので、学問上かなり広い意味を持つ用語例であることに注意を要する。法と道徳の峻別および関係についても諸説あり、論争が展開されてきた。これは法をどういうものと定義するかの問題でもあり、その意味で論争を重ねる意義がある。これらのことを知るためには法の「歴史」を学ぶ姿勢が必要である。また、法以外の社会規範には、道徳の他に習俗・宗教などもあり、それらを知るためにその国や地域の「文化」を学ぶことも必要である。

(注8)
19世紀に活躍したドイツの法学者のイエリネック（Georg

図1を見てください。上記のとおり法と道徳の二つの円（左側が法の世界の要請で、右側が道徳的な教えの要請）が交わって示されています。ここから考えられるポイントは3つあります。

① 《第1のポイント》

　最初のポイントは、「法」の要請と私たちの「道徳」的な要請は重なっている部分がある（図の領域A）ということです。人間の団体ルールとしての法が不道徳であっていいはずがないからです。

　法はやはりかなりのインパクトを持って、私たちに迫るものです。性質としては、国家がバックアップするもので、したがって、国民に対して強制的な権力がちらつくところに、法の強烈なインパクトがあるといえます。まったく不合理で人としての道に反するような法を国家の権力者の恣意で成立させることは不当です。だから、法は道徳とある部分で重なってしかるべきだといえるのです(注9)。

② 《第2のポイント》

　次に図1の領域Bを見てください。やはり、法と道徳は別な部分もあるということがわかります。道徳は私たちの心のありかたを語るものが多いのです。その全部を法が取り決めるとしたら、私たちの心は法に縛られてがんじがらめになってしまうでしょう。ものごとによっては法によってまで取り決めるべきではないこともあります。法の影響を受けない道徳の領域だけで意識すればよいこともあります。法には強制的な力がある以上、ときに人びとの自由をも萎縮させてしまうからです。

　たとえば、「友達を信頼しよう」という道徳的な教えはよいでしょうが、その教えに反するからといって、それを犯罪とする法律が作られたらどうでしょうか。なんだか恐ろしいことではありませんか。そういう内心の美しさは法で強制す

Jellinek）は法を「最小限の道徳である（das ethische Minimum）」と言った。

（注9）
とくに犯罪などの逸脱行動を刑罰などの強制的なサンクションで抑止する例は、法の古くからの基本的機能と捉えられてきた。権利侵害などの違法行為者に対して一般私人が各人勝手に「目には目を」と私的制裁に出たり自力救済に動いたりすることを限定したのである。そうして法による社会の組織的運営を形作ってきた。一方で（本文の第2のポイントで示すように）、特定の国家権力による恣意的な強制権の発動が私人の自由を脅かすことも問題であるが、そういう歴史も世界的に存在してきたことは否定できない。

ることではないはずです。つまり、道徳の領域のなかでも、そこまでは法が及んではならないという部分があるのです。

③《第3のポイント》

さらに重要なポイントは、法で要請するもののなかに、道徳的な話しとは無関係の取り決めがあるということです（図の領域C）。

たとえば、消費税を5％と定める法律（消費税法）の規定などがその類いです。それはその「5」という数字に道徳的な意味合いはありません。

あるいは、道路交通法などにも、そういうタイプの便宜的な取り決めが多いものです。この法律で「歩行者は道路の右側を通行する」と決まっていても、うっかり左側を歩き出す高齢者がいるとしましょう。あなたの目の前でそういうふうに法を破って歩き出してしまうその高齢者は悪徳者でしょうか。

そうではないはずです。この法律は、交通整理のためという目的上、このように便宜を定めているのであって、この決まり自体は道徳的に無色なのです。

そういう取り決めをすると「整然とする」ので、「都合がよい」から定めたのです。行政上の課題についての取り決めの法規に、このようなものが目立ちます(注10)。

2．介護職にとっての法と道徳

みなさんが現場で介護の仕事をしていると、介護職には「法」の遵守が求められると同時に、しっかりした「道徳」が求められると気づくでしょう。

介護は、図1のA、B、Cという3つの全領域を意識しなければならない仕事です。

そこで、道徳と法がないまぜになり、混乱してしまうこともあります。ですから、学生のうちから、それは「法」なの

(注10)
これらの領域に位置づけられる法には、解釈の余地が少なく、その分、社会情勢に応じて頻繁にその改正が行われやすいという傾向も見られる。また、社会の多様性拡大や複雑化に伴って行政の判断が中心になりやすいため、「通知」などの役割が増しやすいという特徴もみられる。

か「道徳」なのか、それとも二重に求められていることなのかを整理して考えることが大切です。

なお、「道徳は変わっていくもの」、「法は生けるもの」と言われます。たしかに、時代のなかで少しずつ変わる道徳もありますし、あまりに非現実的となった法は改正されたり、解釈が変更されたりします。

現代は価値観が大きく揺れ動きつつある時代です。ですから、この法と道徳の関係も、互いにゆれながら、相互に刺激しあっている状態だといえるかもしれません。これらの中身も関係も、絶対的ではないということに注意が必要です。

図1は、そういった時代の変化に応じてバランスをとる、法と道徳の「基本的な相関図」として理解してください。介護職は専門家ですから、時代の情勢と要請に配慮しながら、人びとにとってよりよい社会の関係作りに取り組むことが期待されているといえます。

Ⅲ　法の働き

だれもが思っているとおり、法は強制力を持っている点で、私たちに特別の強さを感じさせるものです。この強さがときに頼りにもなるし、ときに恐ろしさにもなるところです（注11）。

このことをもう少し詳しく丁寧にまとめながら、次のことを考えていきましょう。

1．法を体系的に理解する

法の決まりはそれぞれの規定が重要な規範ですが、それだけではありません。それらの個別の条文や法律などが合わさったときに生まれる社会全体の法の状況も、私たちの生活に少なからず影響を与えるものです。

ですから、ある法ができたときに、そのなかのひとつの条

（注11）
法的枠組によって各人の身勝手が抑制される面や、逆に許容された自由を予測可能性のなかで実現しうる面がある。また、枠組化された法によって権利義務関係が示されることで具体的な基準や手続の整備も進み、裁判などでの紛争の解決を導きやすくする。しかも、そういうことの積み重ねによって紛争が予防され、裁判以外の和解や調停・仲裁などの弾力的な解決が期待されうる。さらに、こういう法のインパクトが福祉や社会保障の資源配分などの制度設計に働きかけることもある。

文だけを理解しても、その法がわかったということにはなりません。また、なにかひとつの法だけに詳しくなったとしても、その法と他の法との関係を見落とせば、結果的に重大な誤解が生じます。

つまり、私たちは、それぞれの取り決めが相互にどう影響するのかも考えなければなりません。一見もっともらしい法の条文を見たときにも、他の法の状況と合わせて、その必要性や運用の正当性を考える必要があります。

このように、あることについての法が作られていくときに、それだけを見てよしあしを判断するのは、危険なことだと覚えておきましょう。あくまで法は体系的に理解されなければならないのです。

2．法の効力─命じ方から考える

ところで法は、その強制的なインパクトで人びとに行動の方向性を示すことができます。ではなぜ、その強制力を強みにできるのでしょうか。

たとえば、いくらこちらが相手に対して「○○をしろ！○○すべきなのだ！」と言って行動を要求しても、相手がそっぽを向いててしまったら、手も足も出ません。開き直った人に対抗できないという現実を、私たちはたびたび目の当たりにしています。

これは、法における強制の性質を考えるのに、とても現実的な、人間のじつの姿です。ドイツの格言に「馬に水を『飲ませる』ことはできない。しかし、『飲ませない』ことはできる」というものがあります。人間もその点は同じです。

こういう私たちの現実が、法の規定にも反映されています。そこで、さまざまな法をよく見てみると、「○○しろ」（作為命令）というふうには、あまり書かれていないことに気がつきます。

そして、意外に多くの法は「○○させない」（禁止命令）という方向で物事を捉えながら、そういった言い方で記されています。

たとえば、民法に記されている**契約**(注12)などもそうです。つまり、「約束を守れ」ではなく「約束を破らせない」ということに主眼を置いているのです。その形式で各条文が綴られ、記されているのです。高齢者介護に関係してよく話題に上がる、いわゆる**高齢者虐待防止法**(注13)なども、こういう禁止の性質が強く出ている法律です。

そして、じっさいに禁止に反した行為や、不適切な規定があれば、裁判へと発展して、その結論の力を借ります。

こうして、紛争が裁判沙汰になることも多いのです。もしも法の規定に違反すれば、**刑罰**や**損害賠償**などを命じてもらい法を守らせます。法の制裁（**サンクション**）が施されるようになっています。あるいは、法の定める規定が不適切な禁止であるときには不当な要請であるとして、裁判で争い、それをなきものにしてもらうことがあります。

みなさんが裁判の例などを勉強するときには、法に書かれた規定を必ず確認し、そのなかで法の強制力の名のもとにどういう事実が禁止され、反対にどういう事実が許容されうるのかを必ずチェックしましょう(注14)。

なかには、裁判の判決文のみを見て、裁判官の意見の印象的な一言だけを引用する人がいます。しかし、事例はそれぞれです。その事実を読み飛ばし、都合のよさそうな一言だけを探す勉強の仕方では、正確に法をめぐる問題状況が理解できたとはいえないのです。

近年は福祉に関する裁判の例が、増えてきています。そういう裁判の例では、法に関するどんな事実と決まりごとが問われ、その結果からどのような内容が導かれたのかを知ろうとするべきです。そういうなかから、法の不備が見つかれば、

(注12)
契約とは広い意味では「意思の合致」を指し、契約書などの書面がなくとも成立する。こうやって「意思」を重視し、財産を尊重する。ここには、自由・平等・独立な個人像が前提として想定されており、お互いをそういう存在として認め合いながら交渉する近代市民社会の人びとの姿が念頭に置かれているということができる。この「意思自由の原則」と「所有権絶対の原則」とが、資本主義社会の基本的な柱にもなった。

(注13)
いわゆる高齢者虐待防止法の正式名称は「高齢者虐待の防止、高齢者の養護者に対する支援等に関する法律」（平成17年法律124号）である。

(注14)
各種の判例集に登載されているものには、おおむねその冒頭の書き出し部分に「判決要旨」が載っている。

ときに国を訴えることもできるようになります。

3．法の目的と役割を知っておく

　介護職に直接関係する法はたくさんありますし、多種多様なものです(注15)。ですから、この章では、広く一般的に言える基礎の基礎という視点から、法の性質を考えようとしてきました。

　もちろん個別の法は、そのひとつひとつが、さまざまな立場の人たちからの期待を受けて成立しています。それぞれが固有の目的と役割を担っているのです。

　では、その固有の目的と役割をどのように把握したらよいのでしょうか。じつは、たくさんある法も、大体は３種類に分類できます。体系のなかでどの分類に当てはまるかを考えれば、その法が担っている基本的なの目的と役割がわかります。

① **《公法》** 基本的に国家の作用に関係する法のことです。
　・国家と国家の関係を定める法
　・国家と公共団体の関係を定める法
　・国家と個人の関係を定める法
　・公共団体と公共団体の関係を定める法
　・公共団体と個人との関係を定める法
　・国家もしくは公共団体の組織・活動を定める法
② **《私法》** 個人と個人との間の関係を定める法のことです。近代市民社会の原理に立脚し、自由・平等・独立な個人の姿を前提にして、その自由な合意形成を指導する法のことです。
③ **《社会法》** 公法と私法の間にあって成立する法のことです。
　自由・平等な個人の姿を前提にして資本主義社会は発展するとしていても、そういう前提を鵜呑みにできない事態（私法の優位が崩れた状態）も社会にはありえます。その場合の

(注15)
介護福祉の法はさまざまな社会福祉全般の法規とも互いに深く関わりがあるので、常に関連法制の相互確認が不可欠である。さらに、場合によっては国際社会のなかで課題を捉えることなども必要であり、その場合には国際法（条約や憲章など）のなかで解決を目指すべきものもある。

不自由・不平等を国家が積極的に修正すべきとする法のことです。

この分類で整理してみましょう。①《公法》の代表は、日本国憲法・行政法・刑法です。②《私法》の代表は、民法・商法です。③《社会法》の代表は、労働法・経済法（独占禁止法など）です。

介護職になったのちも新しい法はどんどん作られていくでしょう。そのときにはこの体系を頭に描いておくと、法のひとつひとつの目的と役割を理解してその働きを知ることができます。そのうえで、実際の各法の規定をひもといてください。それぞれの法の具体的な目的については、それぞれの条文の最初のほうに示してあることが多く、上記体系に照らせば意味も理解しやすくなります。

4．法の究極的な目的

「法学とは何か」ときかれれば、法についての学問だと答えられます。しかし、「では、法とは何か」ときかれて、すぐに返事をするのは、ちょっと難しいところがありました。そのためには少し漠然と述べなければなりませんでした。

法（法律）とはともかく人間社会のルールです。法は私たちの関係を示しています。互いの関係を信じあったり、ときに不信でぶつかりあったりするのが、法の世界なのです。

それらを扱おうとする学問としての法学は、私たちの人間関係のスタートを想定しようとするものでありますが、しかし、簡単には済みません。それぞれの法学的な議論は、やっぱり一筋縄ではいかない人びとの生き方の、その答えを目指す探求の連続なのです(注16)。

つまり、私たちは最初から法のあるべきイメージを抱きながら、しかも最後の最後まで、ずっとそのイメージとの格闘を続けなければいけないものなのです。その「難しさ」、「し

(注16)
1776年にイギリスの植民地であったアメリカのヴァージニア州では独立を前に「ヴァージニア権利章典」を作った。ここでは「すべての人は生来ひとしく自由かつ独立しており、一定の生来の権利を有するものである。」、「この権利とは、すなわち財産を取得所有し、幸福と安寧とを追求獲得する手段を伴って、生命と自由とを享受する権利である」と述べられている。

んどさ」が、法学の醍醐味のひとつだと言ってもよいでしょう。

　だから、私たちは、この本のなかでも、こういう大切なことを実感しながら、法学を勉強することになります。そこに生きようとしている人間たちは「ドキドキ」したり「ハラハラ」したり、ときには「しんみり」したりします。それらの事実を確かめながら一緒に悩むことも大切です。そういう勉強をしてこそ、介護職になろうとするみなさんにとって、法学が生きたものとなるでしょう。

　それにしても、私たちが有史以来長年かけて法の上に法を重ねながら、社会の法体系を作り上げようとする究極的なねらいはなんなのでしょう。学問的には具体的妥当性（正義）の追求と法的安定性（秩序）の確保だと難しい言葉で語られてきました。これはとても堅苦しい言い方ですが、ひとりひとりの正義感を大切にしつつ、みんなで力を合わせたいということです。法はそのためにあるのです。

　ですから、日々の介護現場で、あなたが正義に反すると思うときには、ひとりだけで悩まずに、法の拠り所を探し、法の力で解決を図ることも大切です(注17)。法の知識と理解を正確に持ち、正当な運用をめざすことは、介護福祉のための第一歩なのです（次の章から、その具体的な内容に移ります）。

さらに勉強したいひとのために
梶原洋生『介護の法律入門 think like a lawyer』インデックス出版，2006年．
道垣内正人『自分で考えるちょっと違った法学入門（第3版）』有斐閣，2007年．
森長秀編『臨床に必要な法学』（福祉臨床シリーズ15）弘文堂，2007年．
梶原洋生『福祉と医療の法律学（新版）』インデックス出版，2002年．
副田隆重・浜村彰・棚村政行・武田万里子『ライフステージと法（第4版）』
　有斐閣，2004年．
末川博『法学入門（第5版補訂2版）』，2005年．
伊藤正己・加藤一郎編『現代法学入門（第4版）』有斐閣，2005年．
渡辺洋三『法を学ぶ』岩波書店，1986年．

(注17) こういう姿勢をリーガルマインド（legal mind）と呼ぶことがある。法的なものの考え方を習得するためには、法律の条文や判例・学説などの考えを知るだけでなく、それらを活用する実践的な議論の様式や技法を身につけることが必要である。今日の現場で働く介護専門職にも、個別具体的な問題に適切にアプローチして解決を目指すときなどに関わる法的な思考回路が望まれる。

第2章

介護は法との出会いである
―介護のなかにある法律―

古川隆司

I　介護福祉って楽しそう

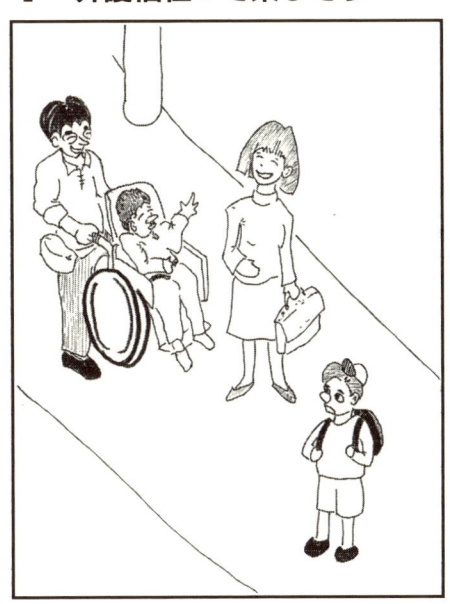

僕は小学校の帰り、楽しげに車いすを押していく人と身体障害者に出会った。横でおしゃべりしている人がソーシャルワーカーというのだと知ったのは、高校で福祉について勉強を始めてからだった。

障害のある人が、あんなふうに街へ出歩くのはあの頃から見かけたんじゃないかな…

　障害者が車いすで出かけられるようになったのは、近年のことです。小学生がみていた障害者の外出シーンは、ちょうどガイドヘルプ（外出支援）を利用しながらふつうに買い物や遊びのために出かけ始めた1990年代初めの様子でした。物珍しそうにみられるなか、ガイドヘルプやホームヘルプサービスが拡充されて少しずつ障害者が気楽に外出できるようになり始めた時代だったのです。

1996（平成8）年に厚生省（当時）の新介護システム研究会が、介護サービスを使いながら在宅生活を送る生活を提案しました。それは、高齢者が総人口の20％を超える超高齢化社会を迎えようとする時代の理想を描いたものでした。その後介護保険法をはじめ介護サービス制度の整備が進み、だれもが使えるサービスが普及することに伴って、その年齢にふさわしい社会経験ができるような機会が保障されるべきだという考えが注目されます。「その年齢にふさわしい社会経験の機会を保障すべき」という考えのことを、**ノーマライゼーション**（Normalization）(注1)といい、いまでは介護や社会福祉だけでなく高齢化していく社会を見直す基礎的な考え方となっています。

介護福祉は、このような社会の仕組みのなかで提供されるサービスを担うだけでなく、高齢化してゆく社会の仕組みにも注目し働きかけるものです。つまり介護福祉とは「介護を通して個人と社会の福祉を向上させる」取り組みなのです。

1．介護サービスの法制化と整備

先に述べたように、従来自宅や施設・病院でしか過ごせなかった要介護の人びとが街へ出かけられるようになったのは、1990年代から在宅介護サービスの整備が進められたからでした。当時は**老人福祉法**(注2)・**身体障害者福祉法**(注3)による**措置制度**(注4)でしたが、年々在宅サービスの事業が拡充されてゆきました。当初は低所得の世帯だけに派遣されていたのですが、徐々に所得制限や障害・要介護の程度にかかわらず権利として利用できるようになり、2000年に**介護保険制度**(注5)、2003年の**支援費制度**(注6)を経て**障害者自立支援制度**(注7)が整備されました。実はそれ以前から、ホームヘルパーや外出支援を担うガイドヘルパーは一部地方自治体で整備されてきました。日本では1980年代に、北欧など海外の在宅

(注1)
1953年デンマークの知的障害者の法律で謳われたのが最初。バンク=ミケルセンが提唱し、その後1980年国際障害者年でとりあげられ、ベンクト=ニィリエにより今日の普遍的な理念に整理された。

(注2)
1962年制定。65歳以上の者を「長年にわたり社会の進展に貢献してきた」とし、老人福祉施設と在宅福祉サービス、社会参加や生きがい事業を定めた。介護保険法施行までは措置制度にもとづいて介護に関する施設（特別養護老人ホーム）や各種在宅介護サービスを規定し、また老人保健法と一体的に運営されていた。施行後は介護予防を中心とした制度の内容に変わった。

(注3)
1948年制定。身体障害を重度の1級から7級に区分し、身体障害者の援護と福祉サービスを提供することを規定。手足、体幹、視聴覚、内臓の他HIVウィルス

福祉サービスを積極的に学んだ社会福祉関係者が、先駆的に実践してきた結果、制度化されてきたのでした。このように、住み慣れた自宅や地域社会でだれかの介護や生活支援を利用しながらその人らしく生活していく、という考え方が定着していったのです。

2. 高齢者の介護サービス

やがて、介護サービスを安定的に提供する社会的仕組みとして社会保険方式による**介護保険制度**が構想され、1996年に制定、2000年から施行されました。それまでは、介護が必要な状況を「社会で生活していくことが困難」だと判断され、租税で運営される社会福祉制度で介護サービスが提供されてきました。これを、より利用しやすくするため、以下の考え方にもとづいて制度が考えられました。①市町村が運営する社会保険方式にすることで、保険料を支払って利用する権利を得ること、②全国統一の基準で介護の必要度を認定しこれに応じた利用限度を決めること、③サービス利用は利用者とサービス提供先が契約を結んで行うこと、④円滑なサービス利用のため介護支援専門員を設けてケアマネジメントをすること、⑤サービス利用には利用者が費用を一部負担をすること。これにより介護は、医療や年金・雇用保険と同じように**社会保険方式**を採った社会保障制度となり、その不十分な部分を老人福祉と保健サービスが補うことになりました。

3. 障害者の介護・生活支援サービス

介護サービスを提供する仕組みは、高齢者だけでなく障害者の場合も大きく変わりました。障害者福祉の制度を租税で運営する仕組みは同じですが、障害者自身がサービス利用する受身の立場から、自分で利用したいサービスを選んで契約をして利用するという方法へ変わってきました。これも、障

感染者など時代ごとに定義も見直されている。

(注4)
福祉に関する行政機関が援護の必要性を判定し、援護の実施を民間社会福祉法人に委託する仕組み。何らかの支援が必要であると申請し(申請主義)、行政の裁量によってサービス利用が決定されるため、行政による保護が必要な児童養護・生活保護を除き、多くは契約に基づく仕組みに移行した。

(注5)
介護保険法：加齢に伴う要介護状態の高齢者を対象に長期療養・在宅介護と介護を提供する社会保険の仕組みとして1996年制定、2000年に施行された。

(注6)
身体障害・知的障害のある人(児童を含む)が、措置制度に代わって必要な介護や生活支援を利用するための制度として、障害者に必要な費用を給付する英国のダイレクトペイメント等を参考に2003年に

害者自身がはじめて自分の名前で契約をし、サービスを利用することによって社会参加を目指した改正であったのです。

しかし、高齢者介護と異なり制度の改正はスムーズに進みませんでした。2002年から始まった**支援費制度**は、財源不足が生じて制度の維持が困難とされ、2006年から**障害者自立支援制度**に変わりました。障害者自立支援制度は、身体障害・知的障害・精神障害をすべて対象とし、介護保険と同じように障害の程度を認定して、サービスの利用限度が決められました。またサービスを利用する際のケアマネジメントの仕組みも導入されました。

この他、障害があるために教育や仕事の機会が減らないようにさまざまな法律で障害者が除外される条項（欠格条項（注8））が廃止され、交通手段や公共の施設建物のバリアフリー化も進められています（注9）。つまり「障害者を援助する」だけでなく、障害者が社会参加できるための「社会の環境と仕組みを変える」動きが進んでいるのです。

導入された。しかし障害者の申請するサービス給付を担保する財源が乏しく、障害者自立支援制度へ見直された。

(注7)
支援費制度に精神障害者を加え、介護保険と同様にサービスの利用上限を決める利用区分の判定を行うこと。またサービス利用にあたり1割の利用者負担を導入する等を柱に2005年12月制定、2006年4月から施行された。

(注8)
障害があると受験や

Ⅱ 老人ホームでの出会い

学生になって始めた短期入所でのアルバイト。同級生は割に合わないっていうけれど、馴染みになった利用者が僕を覚えてくれるようになって、この仕事の楽しさが分かってきた気がする。

この人は身寄りがないけれど成年後見人が付き添って今日からまた月に一度の短期入所利用だ。え、成年後見って何？　家族に代わって世話する仕組みとテキストには書いてあったけれど……。

短期入所生活介護を今日から利用する男性は、身寄りがな

く少し認知症が始まっているのですが、付き添っていたのは**成年後見人**でした。

　身寄りがなく、また認知症のある高齢者が、自分で介護サービスを契約すのは困難です。貯金があっても出し入れが難しいとなると、いくら介護サービスがあっても絵に描いた餅でしかありません。また介護サービスがあっても利用するための仕組みを知らなければ使えません。それを補うための仕組みが、介護サービスを利用者を支えているのです。

1．民法・権利擁護の諸制度

　今後、高齢者だけの世帯や認知症で判断能力が不十分になるなど、スムーズに生活できない人びとが増えてゆきます。つまり高齢化の進む社会は、権利を支える仕組みなどで環境を変えないとスムーズに生活してゆけないのです。

　権利擁護とは、何らかの介護が必要になり権利がありながらも使えない人のために法律上の代理人を設ける仕組みで、介護保険制度のスタートと前後して整備が進められました。

　1999年から始められた**地域福祉権利擁護事業**(注10)は、**社会福祉協議会**が窓口になって、①介護以外で必要な身の周りの世話（身上保護）、②貯金通帳の管理や生活費の出し入れ（**財産管理**）、③悪意のある訪問者などからの被害を防ぎ相談に乗る（**相談助言**）を行っています。

　また高齢者の居住安定確保に関する法律（**高齢者居住法**）では、賃貸住宅に住んでいる高齢者の入居が、①保証人がいない、②家賃支払が不安などの理由で拒否されることが多いために、都道府県知事が保証人の代わりとなり家賃の保証をする仕組みを取り入れました。これも、社会生活の基盤である居住に関わる権利を擁護する仕組みになっています。

　また**民法**の改正で2000年から新しい**成年後見制度**(注11)が施行されました。これは家庭裁判所の審理を経て、判断能力

資格取得ができない等、各種の資格を定めた法令にあった条項のこと。障害者の社会参加を促進するために全般的な見直しが行われた。

(注9)
高齢者、障害者等の移動等の円滑化の促進に関する法律（バリアフリー法）：1994年制定の建物のバリアフリーに関する法律（ハートビル法）と、2000年制定の交通手段のバリアフリーに関する法律（交通バリアフリー法）を統合し、公共の建物や交通機関、都市環境のバリアフリーを進めることになった。

(注10)
1999年10月から社会福祉協議会を実施主体とした事業として始まり、成年後見制度を補うように日常的な金銭管理や財産の保全を行っています。2001年の社会福祉法で規定されて精神障害者や知的障害者も対象になりました。

(注11)
認知症の高齢者や知

の低下した本人の権利を必要な程度を代理人である「後見人」にゆだね、監督者を決める仕組みです。たとえば本人が介護を必要とする状態で介護サービスを利用する際の契約は、成年後見人が代わりに行います。また、在宅生活をしている高齢者が被害に遭う高額な商品を買わされる事件や、リフォームの契約を結ばされた場合に、これらの契約を成年後見人が取り消すこともできます。

　これら権利擁護の制度では、公平さが重要です。特別養護老人ホームに入所した場合、施設に財産を預けると、サービスを提供する側が有利になり公平さが保てません。このため地域福祉権利擁護事業では複数の職員が常にかかわり、成年後見制度では成年後見人が毎月家庭裁判所へ報告を行い、**後見監督人**(注12)が監査することになっています。

　身寄りがない場合や家族も高齢などの場合、成年後見人が家族の代わりとして社会的に支えているのです。

2．介護サービスの利用―介護保険法

　特別養護老人ホームは**老人福祉法**にもとづき設置されている施設です。心身の障害のため常時介護の必要な高齢者へ食事、排泄、入浴など日常生活に関する介護、療養上の世話などのサービスを提供します。またこの施設は、介護保険を使って入所サービスを利用できる他、在宅介護サービスとして通所介護（デイサービス）、訪問入浴介護、訪問介護（**ホームヘルプ**）、短期入所生活介護（**ショートステイ**）などが提供されていることが多い。また多くの特別養護老人ホームには、地域の介護上の相談を受ける**在宅介護支援センター**が設けられており、介護保険サービスを使うための援助を行う居宅介護支援事業のため**介護支援専門員**（**ケアマネージャー**）がいます。

　特別養護老人ホーム以外の入所型のサービスとして、**介護**

的障害者など意思判断の難しい人が福祉・介護サービスの契約が行えるように民法における後見の仕組みを全面改正し、従来の禁治産制度は権利を制限するかたちであったのを、後見の必要度に応じた仕組みとし、かつ後見の必要となる前から契約が行えるようになった。

(注12)
家庭裁判所が成年後見人を決める際、同時に後見監督人も選任される。後見監督人は、成年後見人が適正に後見を行っているかを監督する役割。

老人保健施設（**老健施設**）があります。老健施設も入所サービスのほか、短期入所療養介護（**ショートステイ**）、通所リハビリテーション（**デイケア**）が提供されていることが多く、特別養護老人ホーム同様、介護保険を使って利用する施設です。

　介護サービスを利用するためには、まず市町村が行う要介護度の認定を受けねばなりません。要介護度が「今後介護を必要とする」程度の要支援となった場合は**介護予防サービス**(注13)を、「何らかの介護が必要」と判定されると、必要度（要介護度）に応じたサービス利用が可能となります。介護支援専門員は、契約を結んで、その人の要介護度と生活の状況に応じて個別介護計画（**ケアプラン**）を作成、必要なサービス提供先との交渉に当たることになります。

　介護サービスは個別の事情に応じて利用され、また状態も変わっていきます。サービスを利用するというのはスタートに過ぎず、介護支援専門員やサービス提供に当たる介護福祉士などが継続的に関わっていく必要があります。要介護が重度になった場合や家族事情が変わった場合でも、介護支援専門員はその都度福祉や医療などで必要とされるサービスを途切れなく支援しなければなりません。これらを通して保障されるのはサービス利用の権利だけでなく利用の手続的権利です。

　この途切れない制度利用を、社会保障におけるシームレス（継ぎ目のない状態）といいます。

Ⅲ　訪問介護にて

　訪問介護（ホームヘルプ）は利用者の住まいに訪問して介護や家事など生活援助を行います。利用者の個別性が大切であり、そこから気づかされることが多いのです。

(注13) 介護保険法は2006年度に改正され、何らかの健康上の問題がある「特定高齢者」や要介護状態に近い「虚弱高齢者」を対象とした予防を行うこととなった。介護予防サービスは、老人保健福祉と一体で取り組まれ、健康面の改善や生きがい作りの機会の提供、日常的な見守りなどを行っている。

僕も介護福祉士の資格が取れた。最初の担当は訪問介護だ、テレビでも報道しているけれどたいへんな仕事……でも、訪問介護がなければ生活してゆけない人もいることを、ちゃんと知ってほしいな。

若い頃は有名なビル建設にも関わったこの男性は鳶(とび)職人。ケガをしてから生活保護を受けている。年々生活が厳しくなって、今は病院で診察受けてお薬をもらうのも控えなきゃという……。最低限度の生活を保障するための仕組みじゃないのか？

1．生活保障のための制度─年金、健康保険、生活保護

　すでに介護保険制度が社会保障のひとつであることは述べました。これは加齢によって生じる要介護というリスクに備える制度です。同じように、疾病やケガに備えるための**医療保険制度**、何らかの理由で失業した場合に備える**雇用保険制度**、仕事上の事故でケガや病気をした場合のための**労働災害補償保険**、そして老年期に収入が得られなくなることに備えるための**年金制度**があるのです。

　いずれも、必要なときに備えて保険料を払い続けることで利用できる仕組みですが、社会のメンバーだれもが自力で生活してゆけなくなる可能性がある、ということを前提に整備されてきました。

　また国や地方自治体の責任で生活を助ける仕組みを**公的扶助**といいます。**生活保護制度**や**災害救護**の諸制度がこれにあたります。いわば、社会保障制度の最後のセーフティネット（安全網）として位置づけられています。

2．地域福祉を担う諸制度—社会福祉法、民生委員法

　人間は社会的な存在であり、どこかに所属しだれかに依存し合う形で生活しています。介護サービスの利用者の多くは、高齢者で、家族も高齢であり、なかには配偶者と死別、あるいは子世代は身近にいないという場合が多い。

　2001年に全面改正された**社会福祉法**(注14)は、今後の社会福祉のあり方は地域社会を中心に考える「**地域福祉**(注15)」であることを謳いました。地域社会は、都市化による人口過密化の反面、家族の孤立、大都市圏以外では過疎化による人口減少と社会的な関係の薄れが深刻化です。介護や生活支援サービスの利用を必要とする人びとの多くが、このような地域性のなかで生活していると、身近で困りごとの相談に応じる善意の第三者としての**民生委員**(注16)の役割は意外に大きいのです。

　民生委員は、地域社会の実情を把握して近隣で困っている人の生活上の相談に乗り、必要に応じて行政機関へ紹介します。歴史は古く、戦前に地域社会の生活困窮者のために設けられた方面委員制度が前身です。また近年では**児童福祉制度**での**児童委員**として、**在宅介護相談ネットワーク**の相談協力員として見守り・安否確認なども担っています。

3．介護サービス提供と守秘義務—社会福祉士介護福祉士法、個人情報保護法

　利用者の個別性に応じたサービス提供を行うなか、どうしても介護福祉士は利用者の個人情報や知られたくないプライバシーなどにふれることになります。これら職務上知りえたことは、その利用者のためにだけ用いるべきものであり、他にもらしてはならないことを「**守秘義務**(注17)」と呼び、**社会福祉士・介護福祉士法**(注18)でも規定されています。また介護福祉士の**倫理綱領**でも定められています。

(注14)
社会福祉事業法を全面改正し、2001年に施行。地域福祉の推進など今日的な社会福祉のあり方が盛り込まれた。

(注15)
1970年代から地域社会の生活問題を地域社会で解決する概念として提唱されるようになった。1980年代以降在宅福祉などを牽引する役割を果たし、社会福祉法の施行に伴って日本の社会福祉の基本方針の一つとなった。

(注16)
小学校区を単位に地域住民の事情を把握し、相談に応じて福祉行政に斡旋紹介する都道府県知事が委嘱するボランティア。福祉事務所を補助する役割を担っている。なお児童福祉法に定める児童委員を兼ね、在宅介護支援ネットワークのなかでは介護相談も担っている。

(注17)
職務上知りえた個人の秘密を本来の目的以外にもらしてはならないという義務。社会福祉だけでなく

さらに2004年制定の**個人情報保護法**(注19)によって、個人情報を取り扱うためのルールが定められました。利用者の個人情報を知らなければ介護サービスが円滑に提供できませんが、しかし知っている以上は個人情報をどのように守るかを知ることも、介護福祉士の職務のひとつだといえます。

行政職や法律・医療の専門職にも謳われ、罰則も課されている。

(注18)
1986年に制定された社会福祉の専門職に関する国家資格制度。2007年に改正され、より質の高い社会福祉サービスを担うことが期待されている。

Ⅳ 介護殺人と法廷での証言

訪問介護で担当していた家族が思い余ってお父さんを殺してしまった……何てこと！　あんなに親思いの息子さんだったのに！

関係者として僕も警察の取調べを受け、弁護士から被告になった息子さんのための証言をしてくれといわれた。

初めて入った法廷で、証言台に立つ。だれが悪いわけでもないよ、何とか助けたい一心だ。

1．高齢者虐待防止・養護者保護法

　介護や生活支援サービスの利用が必要な家族は、周囲に頼れる相手がいない場合が多い。介護サービスを利用していいたとしても、在宅生活を行うための最低限に過ぎず、介護家族の負担を軽減するための短期入所・通所介護も要介護度による利用限度もあり、経済的な負担がかさみます。さらに、要介護者が**認知症**の場合は、日常的なコミュニケーション障害が介護家族の負担をいっそう増すのです。この結果不幸にして、家族による介護上の**虐待**に至ることもあります。

　主人公の訪問していた利用者家族は、思いつめたあまり寝たきりの老親を殺害してしまいました。2006年に制定された**高齢者虐待防止・養護者保護法**(注20)は、施設内虐待の防止

(注19)
2005年に制定された個人の情報を扱う事業者・団体に対する扱い方の基準を定めた法律。

(注20)
2004年制定。在宅介

と、在宅介護における虐待の早期発見や防止、養護者である介護家族の支援を法制化しました。しかし現実では、虐待を受けている場合の緊急保護や地域での見守りシステムで精一杯で、養護者保護として利用者家族を支援する仕組みや取り組みにまで至っていません。

　2000年に介護保険制度が始まったとき、厚生労働省は寝たきりや認知症の人を介護上の理由で縛る「身体拘束」を原則禁止することを決めました。民間団体が、身体拘束をやめて、適切な介護がその人の最善の利益になるよう提唱してきた取り組みを、国が省令に盛り込みました。施設内虐待がまだ根深く残る現状を見直すために、いま一度この取り組みを思い返す必要があるでしょう。

2．刑法・刑事訴訟法

　介護殺人に至ったケースであれば、介護家族は刑事事件の被疑者として逮捕・起訴されて刑事裁判にかけられます。介護サービスで事件と関わっていた場合、介護者は検察・弁護側いずれかから証言を求められる可能性がある。この場合、偽りなく真実を述べることを宣誓のうえ、法廷で証言しなければなりません。刑事事件の裁判での証言にあたり、介護福祉士の守秘義務より優先される場合が多いのです。

　介護サービスは高齢者と介護家族を支える仕組みですが、家族に代わることや補うことにも限界があります。介護殺人は多くの場合社会からの孤立が原因ですが、彼らが孤立しないよう支える社会福祉との連携協力が欠かせません。もし不幸にして刑事裁判となるような場合、介護殺人の加害者が再び社会に復帰できるよう支援することも、社会福祉の課題なのです。

> 護や施設・病院における要介護高齢者の虐待を早期発見し、保護を行うための法律。

少しショックの大きかった介護殺人の裁判。僕はどうしていいか分からなくなって、学校の先生に相談に行った。昔ケースワーカーをしていた先生は、途中で泣き出しながら話した僕の悩みを最後まで聞いてくれた。そして、人間の尊厳に関わる介護の仕事だからこそ、夢を諦めちゃいけないと励ましてくれた。

「君の介護を通して、相手の福祉が実現されているんだよ」って。

Ⅴ 介護を通した福祉の実現
1．企業のガバナンス・企業倫理、情報公開

　介護サービスに従事する職員は、要介護の利用者と介護家族、他の専門職や関係組織機関との連携でサービス提供を実施しています。

　しかし、決して雇用環境が恵まれているわけではなく、やりがいだけでは勤まらないのが現実です。そのなかで雇用条件の改善が図られつつあるが、介護サービスが利益追求のために効率性を優先されることで、本来必要とされていた社会的孤立の防止などが進まないという課題があります。シルバーサービスに参入した企業が、介護サービスにおいてコンプライアンス（法令遵守）より、介護報酬や職員配置の不正などにより利益優先をはかっていたことも社会問題になりました。前節でふれた高齢者虐待も、介護施設やグループホーム、療養型病床など医療機関での不適切な介護・虐待として、まだまだ根強く残っているのです。

　そのなかで、利用者が必要とするサービスを提供するため

に企業倫理を向上させることや、サービス提供の実際を正確に公表する情報公開などの浸透は、介護を通した福祉の実現に向けた課題でもあります。

2．理念法——人権としての福祉・介護

　主人公は、介護殺人事件の裁判で証言台に立つという経験をしました。それは、介護福祉士の職務が利用者の生活を間近で支えているからに他ならなりません。

　介護・生活支援とは、冒頭に触れたように要介護の状態であっても「だれかの介護や生活支援を利用しながらその人らしく生活していく」ことを保障する社会的な取り組みです。

　それは個人の尊厳を保てるような生活水準を維持すること、そしてそれを通した人権の保障でもあります。介護サービスの提供を通した人権の保障が社会の福祉と個人の幸福の向上につながるという原点は、法制度とモラルから支えられているといってよいでしょう。

　国際ソーシャルワーカー連盟（**IFSW**）(注21)は2000年にソーシャルワークの定義を見直し、新しい**倫理綱領**を提起しました。その定義のなかで「人権と社会正義の原理」を基盤として「人びとのエンパワメントと解放を促して」いくことを職務の目標に掲げたのです。人権とは、国際連合が採択した**世界人権宣言**、そしてその後の**世界人権規約**にもとづくものであり、批准した日本も、その**憲法**で**基本的人権**を謳っています。何を、どのように保障するかは、社会福祉や介護サービスの提供にあっていつも具体的な目標と結びついているのです。

(注21)
世界のソーシャルワーク諸団体が加盟する国際組織。日本は日本ソーシャルワーカー協会が加盟しており、2000年の総会であらたなソーシャルワークの倫理綱領が採択された。

第3章

社会保障における介護保障の考え方
―社会保障法学の視点から―

原田啓一郎

　介護福祉を勉強するみなさんは、福祉サービスを利用する人をどのように支援するのかという「援助技術論」には比較的なじみがあることでしょう。しかし、「対人援助場面」を常に意識しているからか、援助の枠組みとなっている制度の存在を日頃は認識していないことが多いのではないでしょうか。

　よく考えてみますと、高齢者が介護を利用するには**介護保険制度**、障害のある人が介助サービスを利用するには**障害者自立支援制度**といったように、みなさんの対人援助場面には常に**社会保障制度**が密接にかかわっていますし、法は社会保障制度を規整（コントロール）する重要な役割を担っています。介護福祉の現場のなかには、対人援助場面↔制度↔法という関係が存在しているのです。そこでは、「福祉は心」という世界だけではなく、その前提となる制度を規律する「権利と義務」によって物事を判断する能力も重要となります。福祉サービスの多くが**措置から契約へ**移行する今日、「権利と義務」の体系（ルール）である法の重要性は以前にも増して高まっており、社会保障を法学の視点から学ぶことは、援助技術論とともに介護福祉士の学習のうえでとても重要なのです。

　また、より広い視点では社会のなかで生活する私たちにとっても社会保障制度を法的な視点で勉強することは重要です。テレビや新聞で社会保障に関する報道を見聞きしない日はありません。しかし、社会保障制度は今日、多くの人びととの誤

った理解や理解不足により、いわれのない不信の目にさらされているようです。真に大切なことは、国や役人はけしからん！といった感情論に影響されずに、社会保障制度を正しく理解して客観的に問題の把握をしたうえで、自分たちの社会保障制度をどのようにしていきたいのかを私たちひとりひとりが考えていくことではないでしょうか。

そこで、この章では、まず、社会保障制度と法との関係を確認します。次に、社会保障法における介護保障の位置づけをみて、最後に、介護保険制度を素材に法の世界の一端を理解したいと思います。そして、これをきっかけに、みなさんが冷静な思考力をもち、しかし温かい心をも兼ね備えた（cool heads but warm hearts）介護福祉士を目指すようになってくれれば、この章の目的は達成されます。

Ⅰ 社会保障と法

1．社会保障とは何か

私たちは、さまざまな可能性をもってこの世に生まれ、自分の生き方をデザインしながら生きています。みなさんも、介護福祉の道を自分で選び、その可能性を現実のものにしようと努力しているのではないでしょうか。どのような職業を選び、どこに住み、だれと結婚し、どのような家庭を営むのかは個人の自由であることは、**日本国憲法**の諸規定を持ち出すまでもなく明らかです。その反面、生活上の困難や負担はその個人の責任であって、まずは個人・家族の力で対処することが求められるでしょう。これらを「**生活個人責任の原則**」あるいは「**生活自助原則**」といいます。自らの生き方を自らがデザインするうえで、生活個人責任の原則は社会の基本です。

しかし、行き過ぎた生活個人責任の原則の徹底は、私たちの生活を無防備にすることにもなりかねず、注意をする必要

があります。なぜなら、私たち個人や家族の力ではどうにもコントロールできない、自分の生き方をデザインすることを難しくする出来事に遭遇することがあるからです。たとえば、病気、けが、障害、失業、老齢などです。これらの出来事は、私たちの生活に直接困難を生じさせるだけでなく、収入の減少や途絶、支出の増加といった生活の営みに波及的に影響を与えます。そして、これらの出来事は、だれにでも生じうる可能性があり、その発生は必ずしも個人の責任によるものとはいえず、それがいつ具体化するか予測ができないといった共通の特徴があります。こうした個人の力では必ずしも十分に対応できないような社会的な生活事故に対して、国（地方公共団体を含む）の責任で、すべての国民を対象に、人間の尊厳に価する給付を、権利として保障するものが、**社会保障**（social security）なのです。

2．社会保障の領域

先進諸国における社会保障の制度を見渡すと、**社会保障制度**とは、①社会保険、②公的扶助、③社会福祉サービス、④社会手当を包括する制度と一応考えることができます。

社会保険は、被保険者などが拠出した保険料を主な原資として、保険という方法を応用して運営される制度です。日本では、**医療保険、年金保険、労災保険、雇用保険、介護保険**の5種類の社会保険があります。**公的扶助**は、租税を原資として生活困窮者を救済する制度であり、**生活保護制度**が生活困窮者に対して最低限度の生活を保障しています。**社会福祉サービス**は、主に租税を原資として、さまざまな理由で生活に支障をきたしている人を援助する制度であり、**児童福祉、障害者福祉、老人福祉**などがあります。**社会手当**は、受益者の拠出を必要とせず、租税や事業主などの負担によって定型的な給付を行うものであり、**児童手当、児童扶養手当、特別**

児童扶養手当などがあります。

3．社会保障と法

　社会保障制度が、公的責任によって行われるべき根拠として、**日本国憲法**第25条は、第1項で「すべて国民は健康で文化的な最低限度の生活を営む権利を有する」とし、第2項で「国は、すべての生活部面について、社会福祉、社会保障及び公衆衛生の向上及び増進に努めなければならない」と定め、国民を生存権の主体として、国がその生活を直接的に保障するために社会保障制度を整備しなければならないことを謳っています。この考え方を基礎にして、**介護保険法**や**健康保険法**、**国民年金法**など、社会保障制度に関するさまざまな法律が制定されています。これら社会保障制度を構成する法律をまとめて、法律では、「**社会保障法**」と呼んでいます(注1)。

　従来の日本では、日本国憲法第25条第1項のもと、社会保障は国と国民との間を規律する関係であり、どちらかといえば国から国民に対する一方的な給付の関係として捉えられていました。

　しかし、福祉分野における措置制度から社会保険制度への転換といった展開のなかで、責任主体としての国の社会保障制度へのかかわり方は多様化してきました。今日では、国は、直接的な給付の主体にとどまらず、サービス事業者に対する事前・事後の監督規制、運営基準の整備、費用負担といった間接的なかかわりを含めた責任主体として役割を担っています。また、国の責任の多様化とともに、病院、介護サービス事業者、報酬支払機関、NPOなど、国以外の多様な法主体（権利・義務の主体）の役割も重要となってきました。このため、「**社会保障法**」は社会保障制度のなかの種々の法主体の相互間に発生するさまざまな法律関係や権利義務関係を規律する法であるということもできます。ここに、制度内容を

（注1）
上下水道などまで含めた公衆衛生法や戦争犠牲者に対する国家補償的性格を有する戦争援護が社会保障法に含まれるか、住宅に関する法は含まれないか、など学説により見解が分かれている。

主に学習する「社会保障論」との大きな違いがあります。

4．社会保障の法と政策

ところで、**社会保障法**は他の法律分野と比べて、いくつかの特徴があります。

第1に、改正のスピードがきわめて早いということです。社会保障法それ自体が政策的所産であるともいえますし、その時々の政治的判断によって次々に手直しを受ける宿命をもっています(注2)。そのうえ、法律自体に改正のタイムスケジュールが書かれており、法案が成立した段階で、改正作業がスタートすることすらあります(注3)。

第2に、「法学」は法の解釈を行う「法解釈学」といわれることがありますが、社会保障法分野の法の解釈の幅が他の法分野と比べ限定的であるということです。それは、社会保障関係法令が具体的に細部にわたり規定されており、解釈の余地をほとんど残さない規定表現を採っているからです。解釈の余地がある場合でも、広い行政裁量と立法裁量が裁判上認められており、専門的なことは、行政府と立法府に委ねるべきだとする考えが広がっています。しかし、最近では、社会保障制度を取り巻く環境の急速な変化や準市場を通じた社会保障サービスの多様化に伴い、社会保障立法の法的紛争事例は飛躍的に増加し、法解釈の重要性は増しています。

第3に、社会保障法の理解は、財政問題抜きには論じえないということです。介護報酬が低くて、職員の給料を支払うのがやっとである、ということを介護の現場ではよく聞きます。良質な介護サービスを提供するために潤沢な介護報酬が得られれば、どれほどよいことでしょう。しかし、介護保障の財源は「打ち出の小槌」から出てくるものではなく、国民の税・保険料によるものなので、限りある資源配分のなかでいかに介護保障を実現していくかということを考えていかな

(注2)
たとえば、いわゆる「消えた年金」問題では、年金記録の管理に対する国民の信頼を確保することを目的として、年金記録の訂正による年金の増額分は、時効により消滅した分を含めて本人または遺族へ全額支払うこととする「年金時効特例法」が2007（平成19）年7月に制定されている。

(注3)
たとえば、2005（平成17）年の介護保険法の改正の附則では、「政府は、**介護保険制度の被保険者及び保険給付を受けられる者の範囲について、社会保障に関する制度全般についての一体的な見直しと併せて検討を行い、その結果に基づいて、平成21年度を目途として所要の措置を講ずるものとする**」として、被保険者範囲の見直しの検討を改正時点で求めている。

ければなりません。まずは、私たちの介護保険制度はどの水準のサービスを保障するものであればよく、そのためには私たちがどの程度負担することができるのか、負担が難しい人との間で、どの程度支えあうことができるのか、といったことを積極的に議論する必要があるのです。そのためには、介護職のみなさんと利用者となる住民が政策形成に声を上げるべきなのでしょう。

このように、社会保障法学は、法解釈学に止まらず、政策科学としても重要であり、その取り扱う問題には、政治のあり方や国家観にもかかわる大きな問題が内在しています。

Ⅱ 社会保障法における介護保障

1．戦後の介護事情

第二次世界大戦後の高齢者介護の問題に対する取り組みは、所得保障や医療保障に比べると後発で、1963（昭和38）年に制定された**老人福祉法**にその源流をみることができます。生活保護法上の養老施設が、老人福祉法では**養護老人ホーム**という類型で引き継がれた他、心身の障害が著しいため常時介護を必要とするにもかかわらず、居宅において養護を受けることが困難な高齢者のために、**特別養護老人ホーム**という類型が創設されました。在宅福祉では、在宅老人家庭奉仕員派遣事業が制度化され、これは今日の訪問介護サービスにつながっています。老人福祉法の制定により、高齢者福祉サービスは整備されていったものの、その利用者は主に低所得者でした。当時は、高齢者の多くが子ども世代と同居していることが一般的で、高齢者の世話は家族の仕事と考えられていました。そのため、高齢者が施設に入所することは、家族にも高齢者自身にも心理的抵抗感が強く、家族が在宅で世話を引き受けるか、医療機関に入院するかという選択が一般的でした。

その後、平均寿命の伸長により、だれでも高齢期には寝たきりや痴呆症（現在の**認知症**）状態になる可能性が生じてきた一方、高齢者の子どもとの同居率の低下、高齢者夫婦のみの世帯または単独世帯の増加、働く女性の増大、そして何より、長い間、高齢者介護を負担してきた家庭内の女性の疲弊が限界に達していたことなどにより、家族が在宅で世話をするという基盤が弱体化してきました。こうしたなか、高齢期の大きな不安要因である介護問題を、高齢者本人やその家族の問題にとどめるのではなく、介護を必要とする高齢者の自立を社会的に支援する仕組みを構築することが社会的に求められるようになってきました（これを「**介護の社会化**」といいます）。そして、1997（平成9）年に、日本では5番目の社会保険である、**介護保険制度**が成立し、2000（平成12）年4月より施行されました。

　障害者福祉に関する戦後の施策は、1949（昭和24）年に制定された**身体障害者福祉法**から始まりました。身体障害者福祉法は、日本の障害者福祉の法律としては最初のものであり、これまで救貧対策と位置付けられていた障害者福祉から脱却した点で画期的な意義を有していました。その後、障害の種類に応じた福祉施策の展開と入所施設を中心とする障害者福祉施策が展開されました。この間、**ノーマライゼーション**思想により、障害者福祉は地域における生活支援へと移行が求められていました。1990（平成2）年に行われた福祉関係8法の改正や、1996（平成8）年の「**社会福祉基礎構造改革**」によって、措置型福祉から契約型福祉への移行が示され、障害者福祉制度は、障害者支援費制度、さらに、障害者自立支援制度へと目まぐるしい改革が進められました。しかし、この間の障害のある人の介護をめぐる状況、つまり障害のある人の地域生活の基盤は家族介護に頼っているという実態は変わっておらず、親亡きあとの介護の問題や家族介護の補完の

問題など、高齢者介護における「介護の社会化」とは異なる課題を今も抱えています。

2．介護を受ける権利と介護保障

高齢化の進行で介護の問題がクローズアップされるなか、国際的には、医療を受ける権利と一体未分化であったで介護に関する権利は、介護を受ける権利として形成しつつあります。たとえば、**世界人権宣言**（1948〔昭和23〕年）25条1項は、すべての人は「失業、疾病、心身障害、配偶者の死亡、老齢その他不可抗力による生活不能の場合は、保障を受ける権利を有する」と規定し、また、**国際人権規約A規約**（1966年〔昭和41〕年）では、すべての者が「到達可能な最高水準の身体及び精神の健康を享受する権利を有する」と定めており、これら規定に介護を受ける権利を見出すことができます。さらに、国連「**障害者の権利に関する宣言**」（1975〔昭和50〕年）、「**高齢者のための国連原則**」（1991〔平成3〕年）では、より積極的な介護に関する原則が掲げており、国際的に介護の社会的責任が示されるようになってきました。

他方、**日本国憲法**には、介護を受ける権利について直接言及した規定はありません。しかし、日本では、社会保障の権利は、日本国憲法第25条の生存権規定をはじめ、自由権（憲法第13条）や平等権（憲法第14条）を根拠にしており、こうした規定のなかに介護を受ける権利を承認することができます。

介護（care）の概念は広範で多岐に及んでいますが、広義では、精神的な満足度や価値の尊重、社会参加などによって介護を必要とする者の生活の質を高め、自己実現を図るものとして理解されています。したがって、介護を受ける権利は、狭義には介護サービスを受ける権利として理解することができますが、広義では介護サービスを受けることのみならず、

介護を必要とする人たちの精神的な満足度や価値観の尊重、社会参加などによって生活の質を高め、自己実現を図ることを求める権利として理解することができます。そして、高齢者や障害児・者、病後のリハビリを必要とする者など、生活の基盤となる介護ニーズを有する者は、介護を受ける権利として、介護費用の保障を求める権利に止まらず、介護サービスそのものを求める権利を有しており、国には保障義務があると考えられます。

　介護保障の方法はドイツや日本のような社会保険方式に限りません。たとえば、フランス、イタリア、ベルギーなど社会扶助のような公費を基本として対応する方式や、デンマーク、スウェーデン、イギリス、オランダなど**ベヴァリッジ方式**(注4)など多様であり、どのような保障方法を採用するかはそれぞれの国の経済的社会的背景により異なります。

(注4) 租税を主な原資とし、すべての国民を対象に、普遍的で所得制限付きの給付を支給する仕組み。

3．社会保障法における介護保障の位置付け

　人権として定着しつつある**介護を受ける権利**は、現行法上、具体的にどのように規定されているのでしょうか。日本の主な介護保障は、高齢者に関しては**介護保険法**と**老人福祉法**、障害児・者に関しては**障害者自立支援法**、生活困窮者に対しては**生活保護法**により保障されています。

　介護保険法では、介護保険に基づく介護サービスを受ける場合、被保険者は、保険関係にもとづいて保険者に対して保険給付を請求する権利を有します。この請求権に基づき、被保険者は、個々の介護サービス事業者とサービス利用契約を締結することにより、介護サービス利用契約に基づいて介護サービスを受ける権利を有します。もし、介護保険による介護サービスを受けられない場合には、老人福祉法に基づく措置による介護が提供されます。

　障害児・者の介護サービスは、**障害者自立支援制度**により、

市町村による障害程度区分などを考慮した支援費支給の決定に基づき利用者は自立支援費を請求する権利を有します。この請求権に基づき、利用者はサービス利用計画を作成し、指定事業者・施設とサービス利用契約を締結することにより、サービス利用契約に基づく介護サービスを受ける権利を有します。

　生活困窮者に対する介護サービスは**生活保護制度**によります。要保護者が介護保険法の要介護者および要支援者に該当する場合、原則現物給付として介護扶助が保護として行われます。また、特別の需要のある者には生活扶助費に加算がされます。障害者については、障害者加算、重度障害者家族介護料、重度障害者介護加算、重度障害者他人介護料が個人事情を考慮して加算されます。

　この他、**母子及び寡婦福祉法**により、母子（父子）及び寡婦の一時的な疾病等のため、日常生活を営むのに支障がある家庭に対し、家庭生活支援員を派遣して必要な介護などの生活援助を行う制度（母子家庭等日常生活支援事業）などもあります。以上に加えて、**介護休業制度**や老後の所得保障である**老齢年金**など、介護を支える生活基盤の形成に資する社会保障制度も重要なことを確認しておきましょう。

4．介護保障の法制度の国際的視点

　ところで、こうした日本の介護保障制度に対して、「スウェーデンでは……」といって他国の制度を理想化として紹介することで、日本の制度の手薄さを批判するという姿勢がたびたびみられます。学問の世界では、やみくもに他国のことを羅列して議論をしようとする姿勢を「ではの守（かみ）」といい、これを強く戒めています。なぜなら、法制度の国際比較は、他国の制度を理想的に羅列して紹介すればよいほど単純ではなく、比較の方法、評価をめぐってそれ自体が学問領域

(「比較法学」)として存在するほど奥が深いものだからです。

　介護保障制度は、時代や社会の動き、文化的、経済的、政治的なさまざまな要素が複雑に作用するなかで存在し、運用され、変容しています。それを形作っている法制度も、歴史的に連続性のあるものとして捉える必要があります。このため、介護保障の法制度を国際的にみる場合には、他の国は、なぜ現在のような介護保障制度を実現できたのか、その背景には何があるのかといったことを、その国の歴史的、政治的、経済的、文化的なさまざまな要素の複合的な作用のなかから見出し、日本がくみ取るべきことは何かということを議論することが重要なのです(注5)。したがって、介護保障の法制度の比較は、単に量的な評価による比較にとどまらず、生活構造、文化、歴史、宗教、価値観という質的側面をも重視したものでなければならないでしょう。ここに、介護保障の法制度の国際比較のひとつの難しさがあります。

　他方、国際比較の重要性はますます高まりをみせています。高齢化の進展と介護の必要性の増大は、先進諸国が共通に抱える問題です。思い返せば、ドイツをはじめとする各国の介護保障制度がさまざまなかたちで紹介され、日本の介護保険制度の設計に大きな影響を与えました。介護保障制度は、あらかじめ実験室で実験をしたうえで実施することができるものではありません。同じ問題に取り組んでいる諸外国の制度を学ぶことにより、日本の介護保障の良いところや改善しなければならないところがみえてくることでしょう。介護現場に身を置き、目の前の利用者のことを考える日々のなかでは、外国の制度は関係ないと思われがちです。しかし、「木を見て森を見ず」という言葉があるように、広い視野で身近な介護保障の問題を考えることもまた必要でしょう。それだけに、介護保障について、諸外国の歴史や現状を踏まえて学び理解したうえで、日本の介護保険制度を見つめ直すことに大きな

(注5)
たとえば、高齢者介護と家族との関係が挙げられる。日本の戦後の介護事情にみられるように、日本の高齢者介護は家族とのかかわりが中心であった。こうした家族介護は、法学的には、民法上の親族扶養、とりわけ老親扶養に関する問題として捉えられ、民法上の親族扶養と社会保障法の介護サービスによる社会的扶養との関係が問われることになる。こうした問題関心は、日本固有の問題であるだけではなく、ヨーロッパなどにおいてもみられる。このように、介護保障制度はその国の高齢者と家族のあり方と密接にかかわっている。

意義があるでしょうし、そのダイナミックさに面白みもあるのです。

Ⅲ　介護保障における法の世界
1．介護保障における法のかかわり

　介護保険のサービスでは「庭の草むしりができない」、「外の窓拭きをすることができない」といった話を聞いたことがあります。こうした話の続きは、「『ホウリツ』はがんじがらめで困る」というぼやきになることが多いようです。

　確かに社会保障制度にかかわる法律が多くあります。介護の現場にもさまざまな「法」が入り込んでいます。たとえば、要介護認定の段階では、被保険者と保険者である市町村の間は公法関係とされ**行政法**が中心になってきます（第6章を参照）。また、介護サービス利用の段階では、被保険者である利用者と法人であるサービス提供事業者の間は私法関係にあたり、**民法**が中心になります（第7章を参照）。介護保険制度は、こうしたさまざまな法領域の複合体であり、それをまとめる役割をしているのが**介護保険法**であるといえます。

　しかし、「ホウリツ」とは現場のみなさんが考えるほど「がんじがらめ」で「融通の利かない」ものではなく、むしろ「柔軟性のある」ものです。以下では、介護保険法を例にしながら、法が介護の現場でどのようにかかわってくるのかを勉強することにしましょう。そこには、制度の解説書には登場しない、法制度の姿を確認することができるはずです。

2．介護保障における法の階層的な構造

　「**法律**」とは、国会の議決によって制定された規範です。高齢者介護の現場では、**介護保険法**が要（かなめ）となる法律です。手始めに、居宅介護サービス費が保険者から支払われる根拠となる法律の文章（＝条文）を読んでみることにしましょう。

介護保険法　第41条第1項
　市町村は、要介護認定を受けた被保険者（以下「要介護被保険者」という。）のうち居宅において介護を受けるもの（以下「居宅要介護被保険者」という。）が、都道府県知事が指定する者（以下「指定居宅サービス事業者」という。）から当該指定に係る居宅サービス事業を行う事業所により行われる居宅サービス（以下「指定居宅サービス」という。）を受けたときは、当該居宅要介護被保険者に対し、当該指定居宅サービスに要した費用（特定福祉用具の購入に要した費用を除き、通所介護、通所リハビリテーション、短期入所生活介護、短期入所療養介護及び特定施設入居者生活介護に要した費用については、食事の提供に要する費用、滞在に要する費用その他の日常生活に要する費用として厚生労働省令で定める費用を除く。以下この条において同じ。）について、居宅介護サービス費を支給する。　（以下略）

　いかがでしたか。一文が長く、マルカッコ"（　）"が多くて、一読しても内容を理解することは難しいでしょう。こうした「ややこしさ」が法律に距離を感じることにつながっていると思います。そこで、マルカッコの中を飛ばして読んでみましょう。すると、介護保険法第41条第1項は、都道府県知事が指定した居宅サービス事業所から居宅サービスを受けた場合、介護保険の保険者である市町村は被保険者に対して、介護サービスにかかった費用について、居宅介護サービス費を支給する、と規定していることがわかります。この条文は利用者が在宅で介護サービスを受けた場合の費用の支払いの根拠となる規定です(注6)。
　ところで、同条にいう都道府県知事が指定した居宅サービス事業所は他の事業所とどのような違いがあるのでしょうか。介護保険法第73条第1項では、「指定居宅サービス事業者は、

(注6)
実際は、「代理受領方式」とよばれる方法で、保険者は居宅介護サービスにかかった費用の9割を指定居宅サービス事業者に支払い、利用者は費用の1割を支払うかたちになっている（介護保険法第41条第6項）。

次条第二項に規定する指定居宅サービスの事業の設備及び運営に関する基準に従い、要介護者の心身の状況などに応じて適切な指定居宅サービスを提供するとともに、自らその提供する指定居宅サービスの質の評価を行うことその他の措置を講ずることにより常に指定居宅サービスを受ける者の立場に立ってこれを提供するように努めなければならない」(下線著者)としています。「次条第二項に規定する指定居宅サービスの事業の設備及び運営に関する基準」とは、介護保険法第74条第1項及び第2項等の規定により、「厚生労働省令」で定められることになっています。具体的には、「指定居宅サービスの事業の設備及び運営に関する基準」(平成11年厚生労働省令第37号)で定められており、基準の運用上の取扱いについては、解釈通知として「指定居宅サービスの事業の設備及び運営に関する基準について」(平成11年9月17日老企第25号厚生省老人保健福祉局企画課長通知)が示されています。

　このように、介護保険法は、法律本体には、具体的なことをあまり書かず、「厚生労働省令」という「政令・省令」に詳細を委ね、さらにその「厚生労働省令」の解釈については、「解釈通知」という「通知・通達」文書で示すという階層的な構造をとっています。このような構造をとっているので、一般の人が長い文章で書かれた複雑な介護保険法という「法律」の条文だけを読んでも、さっぱり内容をイメージすることができないのです。ここでは、制度は、法律だけで形成されているのではなく、「政令・省令」、「通知・通達」といった種々の法規と一体となって形成されているということを確認しておきましょう(注7)。

3．介護保険制度の「通達行政化」

　階層的な構造をとっている介護保険制度の具体的な内容を

(注7)
国の議会立法が「法律」であるのに対して、行政機関が任されてつくる法規は「行政立法」と呼ばれる。行政立法のうち、内閣の立法を「政令」(○○法施行令)、各省大臣の権限で定める立法を「省令」(○○法施行規則)という。

把握するためには、階層構造の上部にある「法律」、「政令・省令」を読むより、下部にある「通知・通達」を読んだほうが具体的な解釈や取扱いがはっきりとわかるようになっています。それでは、「通知・通達」とはいったいどのような性質を持つものなのでしょうか。

　一般に、「**通知・通達**」とは、上級行政機関が下級行政機関に発する命令のことで、行政内部に向かって発せられる文書であるとされています。このため、最近まで、「通知・通達」が一般に公開される機会はほとんどありませんでした(注8)。「通知・通達」は、行政組織が統一ある行政を行い、その取扱いに差が出ないように、その内容を統一する機能を果たすものとして一般に理解されています。ですので、「通知・通達」には、○○法の施行にあたっては××の点をポイントにして運用しなさい、という内容が多いのです。

　こうした性格からか、介護保険法施行の前夜まで「通知・通達」が発せられ、介護保険の現場は右往左往して大変であったというというエピソードが物語るように、「通知・通達」が発せられてはじめて法令の規定の中身が明らかになるということが介護保険法施行時にはあったようです。介護保険の現場に限らず、法令の規定が「通知・通達」によって助けられ、その役割が大きくなっている「**通達行政化**」が社会保障分野では顕著にみられます。社会状況に応じて法律をそのつど改正するには莫大な手間がかかることから、法改正の硬直化を抑止するという意味では、「通達行政」に一定の機能を認めることができますが、「通達行政化」にはいくつかの問題があります。

　まず、私たちの権利義務関係は法令により規定されるものですが、その法令の具体的な中身が、「通知・通達」によってはじめて決まるということになると、行政が「通知・通達」を通じて私たちの権利義務に重大なかかわりをもつこと

(注8)
現在では、電子政府のホームページ（http://www.e-gov.go.jp）などで検索することができる。

になります。たとえば、指定訪問介護事業者による生活援助の保険給付としての適切な範囲について、介護保険法や施行令、施行規則は具体的には触れていません。この範囲を明確に示しているのは、「指定訪問介護事業者の事業運営の取扱等について」（平成12年11月16日老振第76号老人保健福祉局振興課長通知）という、当時の厚生省老人保健福祉局振興課長が各都道府県介護保険主管部（局）長に宛てた「通知」なのです(注9)。この通知の別紙に、一般的に介護保険の生活援助の範囲に含まれないと考えられる事例として、「直接本人の援助」に該当しない行為と「日常生活の援助」に該当しない行為の具体例が挙げられています（このなかに、先の「草むしり」と「窓磨き」の例が挙げられています）。これらは、利用者の生活援助を受ける権利の内容に直接的に影響を与えるものです。上級行政組織の「通知・通達」の運用・改訂ひとつで、私たちの権利義務の内容が大きく変容することがありうるのです。

　それ以外にも問題があります。行政内部に発せられたものであるので、私たちの目に触れにくく、しかも、「通知・通達」に書かれた内容によって私たちの権利が侵害されても、それを行政訴訟で争うことはなかなか難しいのです。

　もっとも懸念されているのが、福祉の現場では、「通知・通達」に書かれているから限界であるとか、書かれていることを守っていればとりあえずよい、といった考えが広がっていることです。しかし、「通知・通達」とはあくまでも行政の内部規範にすぎないので、私たちはこれをベースにして創意工夫をする可能性を十分にもっています。「通知・通達」が福祉サービスの質的向上のインセンティブを阻害しているようであってはなりません。この点について、もう少し掘り下げてみましょう。

(注9)
「指定訪問介護事業所の事業運営の取扱等について（抄）」（平12・11・16老振76）
2　保険給付として不適切な事例への対応について
指定訪問介護事業者が、利用者宅への訪問時に、別紙に掲げる一般的には介護保険の家事援助の範囲に含まれないと考えられる事例のように、保険給付として適切な範囲を逸脱したサービス提供を求められた場合や、家事援助中心型を算定できない事例において家事援助中心型の訪問介護を求められた場合における、指定基準第9条の運用については、以下のとおり取り扱うこととする。(以下略)
(別紙)
一般的に介護保険の家事援助の範囲に含まれないと考えられる事例
1.「直接本人」の援助に該当しない行為

主として家族の利便に供する行為又は家族が行うことが適当であると判

4．介護保障における法の解釈

　法は、私たちの生活のあらゆる事柄に対応する規定を定めているわけではありません。立法する者は人間である以上、時空を超えたあらゆる出来事を想定した立法をすることは不可能であり、その時代に必要で、かつ、予測可能である将来的な出来事に対応できる限りで法を定めています。実社会の出来事に適応しないような適用法規の不備・不存在（いわゆる「法の欠缺(けんけつ)」）の場合、私たちは法の改正や法の解釈を行い、現行法を実社会の出来事に適応させようと試みます。**法改正**は現行法を実社会の出来事に適応させる最終的な手段ですが、そう頻繁に行うことができず時代の後追いになってしまいます。これに対し、**法の解釈**とは、実社会で起こっている個々の具体的な事実に法をあてはめるために、法規定の意味内容はどのようなことなのかを考える作業です(注10)。

　介護保険法では、介護報酬の支払請求の関係で、運営基準やサービス費算定基準の規定の解釈が問題となり、介護サービスの内容を具体化するために法の解釈を行う必要がある場合があります。たとえば、介護報酬は、運営基準およびサービス費算定基準に照らした審査のうえで支払われますが、その前提として、利用者と事業者が保険給付を得るために、介護保険制度の利用を前提とした介護サービス契約を締結しています。このため、具体的なサービス行為は、運営基準およびサービス費算定基準でどう評価されるかが重要であり、当事者間の契約はその評価にしたがって作成されることになります。ここに、運営基準およびサービス費算定基準の解釈の必要性がでてきます(注11)。

　また、指定訪問介護事業者による生活援助について、先の通知の別紙で示された事例以外に、生活援助中心型の訪問介護の対象となるかどうかについて判断がつかない場合には、同通知では「保険者（市町村）に確認を求めること」として

断される行為

・利用者以外のものに係る洗濯、調理、買い物、布団干し
・主として利用者が使用する居室等以外の掃除
・来客の応接（お茶、食事の手配等）
・自家用車の洗車・清掃　等

2．「日常生活の援助」に該当しない行為

①訪問介護員が行わなくても日常生活を営むのに支障が生じないと判断される行為

・草むしり
・花木の水やり
・犬の散歩等ペットの世話　等

②日常的に行われる家事の範囲を超える行為

・家具・電気器具等の移動、修繕、模様替え
・大掃除、窓のガラス磨き、床のワックスがけ
・室内外家屋の修理、ペンキ塗り
・植木の剪定等の園芸
・正月、節句等のために特別な手間をかけて行う調理　等

います。この確認過程で、運営基準およびサービス費算定基準の適用解釈が保険者によって行われることになります。そして、他の社会資源の活用を検討してもなおも代替する手段がないケアプラン上位置づけられている必要不可欠な援助であれば保険給付として認められる場合があります。したがって、法に書かれていないものはただちにダメとできないことのみ周知させるのではなく、利用者・介護職員等がお互いに法制度を理解したうえで、できないことはできない、それでも必要な援助はどのようにすれば可能かを考え、保険者との話し合いのなかで法の適用解釈を促すことにより、法の内容を豊富にし、創造的に法律を活かすことができるのです。

　以上にみてきたことは、社会保障という分野から法学の世界を理解するための入り口です。以下に挙げた文献などを参照しながら、単なる社会保障制度の解説ではない、学問としての社会保障法学の扉をたたいてみてはいかがでしょうか。

さらに勉強したいひとのために
加藤智章・菊池馨実・倉田聡・前田雅子『社会保障法［第3版］』有斐閣，2007年．
河野正輝・増田雅暢・倉田聡編『社会福祉法入門』有斐閣，2004年．
日本社会保障法学会『講座・社会保障法（全6巻）』法律文化社，2001年．

（注10）
法の解釈の方法には、文理解釈、論理解釈、類推解釈などがある。

（注11）
介護サービス契約上の介護タクシーサービスに関するサービス費算定基準の解釈に触れた裁判として、高松高判平成16・6・24判例タイムズ1222号30頁がある。

第4章

介護が育てる「人権の樹」と日本国憲法
―憲法学の視点から―

根森　健

　この章では、介護に関わる諸法はもちろん、私たちの日常生活を取り巻くすべての法律の根本（土台）に位置する憲法について取り上げます。

　国際社会を構成するほとんどの国は、この「憲法」という名前の付いた、きちんとひとつの文書にまとめられた法律をもっています。「日本国憲法」というのが、私たちの現在の憲法です。1946（昭和21）年に制定され、翌1947年5月3日から、実際に憲法として働き出しました。だから、5月3日が「憲法記念日」（誕生日）として祝日になっています。

　ところで、大学の法学部で法律を専門に学ぶ学生に「憲法って、どお？」と尋ねると、そうした法学部の学生でさえ「憲法は抽象的でわかりづらい」とか、「私たちの生活とどう関わるのかわかんないから、興味がわかない」という答えが実はよく返ってきます。この本を手にしている介護福祉を学ぶみなさんはどうですか。

I　介護という現場と憲法の関わり

1.「憲法」とは、どんな法律だろう？

　試みにみなさんの手元にある辞書で、「憲法」を検索してみると、そのなかに、「国家の統治権・統治作用に関する根本原則を定める基礎法」といった用法が紹介されています。これが法学でいう「憲法」のことで、要するに、「国家の統治の基本法」ということです。確かに、「国家」とか「統治」（ここでは、国家を管理・運営する活動＝政治とほぼ同じ意

味だと述べておきます）とか、確かに難しそうですし、私たちの生活に関係なさそうですね。

　でも、この憲法の辞書的な定義に出てくる、「国家の統治」というところをもう少し展開して、「私たち国民ひとりひとりが人間として自分らしく生きて、生活していくことができるように、政治の基本方針・目標を立て、その実現のための仕組みや活動内容をルールとして設計した法律が憲法です」（**本書での憲法の定義**）。そして、みなさんが携わる「介護福祉」もここでいう「私たちひとりひとりが人間として自分らしく生きていく、生活していくことができるために必要不可欠な仕組みや活動」のひとつです、というならどうでしょうか。じゃあ、憲法は、「介護福祉」とどのように関わっているのかと、少し興味が出てくるのではないでしょうか。

　そこで、本書の「事例２」に出てくる、Ｔさんのお父さんが目にした新聞記事を手がかりに、「介護の生活・労働空間」と憲法がどう関わっているのか、確かめてみましょう。

２．憲法と介護（福祉）の出会い
２-１　「高齢者虐待防止法に基づく実態調査」の記事を読む

　Ｔさんのお父さんは、いつものように、特別養護老人ホームで働く夜勤明けの娘の身を案じながら、朝刊を開き次のような記事を見つけて読み、この記事を話題に家族でもっと話し合ってみようと思ったところでした。

【東洋日々新聞】2007年９月22日朝刊
　高齢者虐待１万2600件、在宅介護の難しさ、施設内虐待も53件──06年度厚労省調査で判明
　65歳以上の高齢者に対する虐待が2006年度、家庭内で１万2575件、施設内で53件の計１万2628件あったことが21日、厚生労働省が昨年４月施行の高齢者虐待防止法に基づき、初め

て行った全国調査で分かった。調査では全国の1829市町村と47都道府県に、虐待件数や対応状況などを聞いた。

　調査結果によると、家族・親族による虐待の8割以上は同居の家族からで、被害者の約6割は介護が必要な認知症の高齢者だった。在宅介護の難しさが家族を追いつめ、高齢者の虐待へと発展していく厳しい現実が改めて浮き彫りになった。家族から虐待を受けた高齢者では、女性が77％と多く、80歳以上が約5割を占める。67％が要介護認定を受けており、認知症の判定では62％が介護が必要な「日常生活自立度2」以上だった。虐待をしていたのは、半数が子ども（息子37％、娘14％）で、配偶者は19％（夫14％、妻5％）。息子と夫で半数を占めた。2004年の国民生活基礎調査によると、家庭内の主な介護の担い手は75％が女性だから、改めて男性による虐待の割合が高い実態が明らかになった。虐待の種類（複数回答）では、身体的虐待が64％と最も多く、排せつの失敗を責めるなどの心理的虐待が36％。介護などの放棄（ネグレクト）やお金を渡さないといった経済的虐待もそれぞれ3割近くあった。虐待に気づいて市町村の窓口に通報したのは、ヘルパーなどが4割以上を占め、本人からの相談は12％にとどまる。

　発覚後の市町村の対応では、介護施設や病院への入所・入院させるなどして、虐待を受けた高齢者を虐待者から分離したケースは36％。4割近くは「助言・指導」や「見守り」しかしていなかった。また、市町村における虐待防止の体制整備では、91％の市町村で対応窓口が設置されてはいるが、「警察との連携のための協議」（32％）、「早期発見・見守りネットワークの構築」（38％）など、関係者との連携が遅れている実態も明らかになった。

　特別養護老人ホームなど施設内の虐待件数は53件。約8割が介護職員による虐待だが、「施設長」や「開設者」などに

よる虐待も約1割あった。身体的虐待が74％と一番多く、次いで心理的虐待（37％）、介護など放棄（13％）、性的虐待（11％）、経済的虐待（5％）となっている（複数回答）。

2-2 「高齢者虐待防止法」とは

さて、この新聞記事は、実在の全国紙や厚生労働省（厚労省）の報道発表資料などを参考に、私がまとめたものですが、この記事の内容は、近年増えている、家庭や社会での高齢者虐待という状況を改善するために作られた「高齢者虐待防止法」が施行されて1年が経ったので、厚労省が実態調査をし、その結果を速報値として公表した、というものです(注1)。

「高齢者虐待防止法」とは略称で、正式名は、「高齢者虐待の防止、高齢者の養護者に対する支援等に関する法律」といいます（2005年11月成立、06年4月1日施行）。この法律は、国や地方自治体に必要な施策を配慮・実施させることによって、①高齢者の「養護者」（＝家族などの現に養護にあたる人）や養介護施設従事者など（＝養介護施設や養介護事業で働く人）による高齢者虐待を防止することと、②「養護者」に対して（虐待防止につながるように負担軽減などの）支援を行うことを目指すものです。上の記事にも出てきますが、市町村を対策の中心的な担い手と位置づけ、命に危険が及ぶ恐れがある場合、市町村長に家庭への立ち入り調査などを認めるほか、介護者への支援を義務づけています。また、施設従事者に虐待を発見した場合の通報を義務づけたり、家庭内の虐待でも通報や早期発見の努力義務を課しています(注2)。

2-3 「高齢者虐待防止法」と憲法の関わり

(i) 高齢者虐待防止法の制定と「統治の仕組み」

この「高齢者虐待防止法」をはじめ、養介護施設や養介護事業について規定する老人福祉法や介護保険法のような国の

(注1)
この調査結果の確定版が、厚労省から2007年12月19日付けで公表された。

(注2)
高齢者虐待防止法のことを含め、家族による介護の悲劇については、本シリーズの『介護福祉のための社会学』第7章、とくに156頁以下（中村裕美子執筆）参照。

法律を必要に応じてだれがどのような手続きで作るのかを規定しているのが憲法です。日本国憲法では、法律の制定（＝「**立法**」作用といいます）を国会の仕事としています(注3)。この「法律」というのは、国政レベルでの内閣やその下にある厚労省などの省庁や、地方自治レベルでの県・市町村といった行政機関（とそこの公務員）やその委託を受けた民間人が実際にどのように具体的に活動する――これを「行政」作用といいます――かを定めるものです(注4)。もう少し詳しくいうと、「**行政**」とは、作られた法律を個別具体の事案（ケース）に適用（＝あてはめて実行していくこと）する仕事のことです。このように、日本国憲法では、法律があってはじめて、そしてその法律に基づいて「行政」は実際に動くことができるということになっています。このことを専門的には、「**法治主義**」とか「**法治行政**」といいます。とても大事な統治上の原則です。ついでに述べておくと、統治活動のもうひとつの重要な領域が、「司法」です。日本国憲法では、裁判所がその作用を担っています。「**司法**」とは、法律に基づいて、具体的法的紛争について裁定する作用をいいます(注5)。みなさんは、引用した高齢者虐待法関連ニュースのなかに、こうした立法と行政という統治活動に関わる生きたひとつの例を見ることができると思います。

(ii) 高齢者虐待防止法の目的と「人権の保障」

それでは、国会議員たちは、衆議院や参議院でどんな法律を作ってもいいのでしょうか。

日本国憲法という私たちの「憲法」は、その「前文」という、一番最初の、憲法の「基本的な目的やスタンス」を記したところで、国会や行政が国の政治（国政）を行うのは、国民の信託（「私たちのためにしっかりやるように君たちにまかせたよ」ということ）を受けて、国民の福利（＝みんなの

(注3)
日本国憲法は、統治の仕組みについての一番最初の（第4章）で、一番大切な国会と立法権について規定している。

(注4)
日本国憲法は、内閣と行政権については第5章で、地方自治については第8章で規定。

(注5)
日本国憲法では、裁判所と司法権について第6章「司法」という箇所で規定。

幸福と利益）のために行うのだと書いています。何が福利の実現や保障につながる活動なのかについて、憲法は、主としてその第3章「国民の権利及び義務」の箇所に「人権（の保障）」(注6)として、国家の統治を担う国会・内閣・各省庁・地方自治体に対して、「してはいけないこと」や「すべきこと」を規定しています。その一番基盤となるのは、次のような「個人の尊重・尊厳」を規定した憲法第13条と「法の下の平等」を規定した第14条第1項です。読んでみてください。

・日本国憲法第13条　すべて国民は、個人として尊重される。生命、自由及び幸福追求に対する国民の権利については、公共の福祉に反しない限り、立法その他の国政の上で、最大の尊重を必要とする。
・同第14条第1項　すべて国民は、法の下に平等であって、人種、信条、性別、社会的身分又は門地により、政治的、経済的又は社会的関係において、差別されない。

この2つの条文で述べている、私たちひとりひとりが政治や社会の営みの上で「かけがえのない存在として位置づけられ尊重されること」（これが「個人の尊厳」の意味です）、だからこそ「等しく扱われ、不当な差別を受けないということ」は、人間社会の大前提と言ってよいと思います。

これらと並んで、「介護福祉」にも深く関わるものとして、社会保障行政や社会福祉行政に関わる生活分野では、憲法25条の「第1項　すべて国民は、健康で文化的な最低限度の生活を営む権利を有する。第2項　国は、すべての生活部面について、社会福祉、社会保障及び公衆衛生の向上及び増進に努めなければならない」という規定もとても重要です。

この第1項の規定するのが、生存権とよばれる人権ですが、私たちが「個人の尊厳」を保持し、人間らしく生きていく上

（注6）
日本国憲法の第3章の章題は「国民の権利及び義務」となっているが、人権の保障については、ここにいう「国民」とは、外国人も含めた「日本で暮らす住民」という意味で解するのが正しいと私は思っている。その理由は、日本国憲法が保障する「人権」というものは、私たちが「国籍保有者」としての日本国民だから保障されるというものではなく、私たちが人間だからこそ本来保障されるものだからだ。ちなみに、日本政府や最高裁判所の解釈は、①憲法の人権保障は、まずは「日本国籍を保有する国民」に対するものである、②もっとも、権利の性質上、外国人にも保障が及ぶ人権もある、③ただ、保障が及ぶ場合にも、外国人の地位の特殊性から、相当広い制限を受けることがある、というもの。判例としては、いわゆるマクリーン事件判決〈最高裁判所大法廷1978（昭53）年10月4日判決〉が有名だ。私は、

で、この第25条の2つの規定は欠くことのできないものといえます（第25条全体で、生活権を保障しています）。上述の「高齢者虐待防止法」の第1条が「高齢者の尊厳の保持」に言及しているのは憲法第13条と第25条を高齢者について具体的に展開したものでしょう(注7)。また、この法律が「養護者の支援」に配慮しているのは、高齢者だけでなく、「養護者」自身の人権保障をも視野に入れたものと思われます。

以上、高齢者虐待防止法に関連するニュースを手がかりに、介護福祉との関わりという観点から憲法のエッセンスの一端に触れてみました。

以下では、節を改めて、もう少し、憲法のエッセンスについて説明してみることにします。

Ⅱ　憲法の基本原理と日本国憲法
1．憲法原理としての立憲主義（立憲民主主義）
1-1　権利の保障と権力の分立

「国家の統治の基本法」としての憲法に、日本国憲法のように、「統治」の内容・目的として「人権の保障」という内容上の限定がはっきりと組み込まれているのは、歴史的に見ると、国王や君主に代わって、国民が国政（統治）の最終決定権者（＝主権者）となった、近代市民革命を経た後の憲法、つまり18世紀後半以降の憲法の特徴です。第Ⅰ節で、**本書での憲法の定義**と呼んだ憲法の定義も、この変化を私なりに反映させたものでした。その内容的な限定の加わった憲法の定義の代表例として、1789年に制定された「フランス人権宣言」（正式名は、「人及び市民の権利宣言」）第16条がよく引用されますので、ここでもそれを手がかりにして、統治（政治）の仕組みを定める憲法について、みなさんにも忘れてほしくないことを伝えることにします。そのフランス人権宣言16条は、「権利の保障が確保されず、権力の分立が定め

このような解釈は、外国人差別につながりやすいのでは、と案じている。

(注7)
高齢者虐待防止法第1条（目的）「この法律は、高齢者に対する虐待が深刻な状況にあり、高齢者の尊厳の保持にとって高齢者に対する虐待を防止することが極めて重要であること等にかんがみ、高齢者虐待の防止等に関する国等の責務、高齢者虐待を受けた高齢者に対する保護のための措置、養護者の負担の軽減を図ること等の養護者に対する養護者による高齢者虐待の防止に資する支援（以下「養護者に対する支援」という。）のための措置等を定めることにより、高齢者虐待の防止、養護者に対する支援等に関する施策を促進し、もって高齢者の権利利益の擁護に資することを目的とする。」

られていないすべての社会は、憲法をもたない」と規定しています(注8)。この文章は、憲法というものの必須の要素として、①権利の保障（人権の保障）と、②権力分立を挙げています。**権利の保障**に関していえば、フランス人権宣言はその前文で、「人の譲り渡すことのできない神聖な自然的権利」という人権理解を打ち出しています。これは、いわゆる自然権という考え方ですが、その考えには、「人は、自由、かつ、権利において平等なものとして生まれ、生存する」（同人権宣言第1条）という人間理解があります(注9)。これらの文章を読んでみてどうですか？　ここに「個人の尊厳」、より詳しくいえば、「個人の人間としての尊厳」の考えを見てとることができるのはないでしょうか。この自然権思想が、近現代の憲法で保障されることになった「人権」という法的権利の根底に今も脈々と流れています。だから、現在の憲法学でも、人権というものについて、私たちは人として生まれながらに自由に人間らしく生きていく上で欠くことのできない必要な権利、すなわち人権を基本的なものとして保持していると考えています。とくにこの考えは、表現の自由や信教の自由などの自由権――後でもう少し説明しますが、私たちのもっている自由に、国家（権力）は不当に干渉・侵害してはならないとする権利。「国家からの自由」ともいわれます――に当てはまる考えです。

　では、2つ目の要素としての「**権力の分立**」とは、多様な作用（働き）からなる「国家権力を分割して、それぞれを別々の人や機関（組織）に担当させること」をいいます。国家権力を分割する際に、それを立法権、行政権、司法権の3つの作用（働き）に分けることが一般なので、**三権分立**ともいわれます。日本国憲法も三権分立を採用していることは、すでに第Ⅰ節2-3の(i)で述べたとおりです。この「権力の分立」とはどういう意味をもつのでしょうか？　ここには、

(注8)
本章でのこの人権宣言からの条文の引用は、辻村みよ子訳（辻村ほか編『新解説世界憲法集』三省堂、2007年、244頁以下）による。この人権宣言は、現在のフランス第5共和国憲法（1958年）の内容を構成するものとなっている。

(注9)
フランス人権宣言は続く第2条で、国家などの「あらゆる政治的結合の目的は、人の、時効によって消滅することのない自然的な諸権利の保全にある」と、国家の存在目的をじつに明快に述べている。

「権力の分立」によって、強大な国家権力がひとりの人やひとつの組織に集中することのないようにして、国家権力がその担当者によって好き勝手に横暴に行使され、私たちの人権が侵害されることのないようにしようという狙いがあります。

このように、近代以降の憲法は、「個人の人権を確保するために、きちんと人権を保障し、権力を分立することによって国家権力を制限する」ものになっています。このような「憲法に基づいて、権利を確保するために国家権力を制限しようとする原理」を**立憲主義**といいます(注10)。ちなみに、このような内容をもつ憲法を「**立憲的意味の憲法**」とか「**近代的意味の憲法**」といいます。

1-2　国民主権（または民主主義）

　このフランス人権宣言は、もうひとつ「統治の仕組み」について大事なことを規定しています。その第3条で国民主権を規定し、「いかなる団体、いかなる個人も、国民から明示的に発しない権威を行使することはできない」としています。主権というのは、いろいろな意味で使われますが、ここでの意味は、「国家の政治のあり方を最終的に決定する権力」という意味です。国民主権とは、そのような主権は君主ではなく、国民がもつのだという考え方です。この国民主権も、個人の尊厳という考えを基礎にして、自分たちのことは自分たちで決めていくという考えを根底に持つものだと考えられています。この点で、民主主義（＝国民が権力をもち、国民がこれを行使するという考え方と、そのような考え方に立った、国民の積極的政治参加のシステム）と共通する考えを含んでいます。国民主権や民主主義の下でも、国民の選んだ人たちが政治を行う場合には、選ばれた人が国家権力を乱用して、国民の個人の尊厳や自由や生命を脅かすことがあるのは、しばしば歴史が私たちに教訓として教えることです(注11)。そ

(注10)
比喩的にいうと、「国家権力」というものが、大事な自由権を侵害する、こわい「オオカミ」のようなものとして位置づけられている。というのも、辞書的には、「国家権力」には、「国家が保持または行使する国民に対する、刑罰権とか、権利の剥奪などをともなう強制力というような説明を与えることができるからだ。

(注11)
その代表的な悪い例は、第2次世界大戦を引き起こし、ユダヤ人の大量虐殺を行ったドイツの政治家ヒトラーの政治である。ヒトラーは、当時のドイツ国民に圧倒的に支持されて政権の座に着いたのだった。これは極端な例だが、国民主権・民主主義の下でも、権力が乱用されうることには注意しておく必要がある。19世紀後半のイギリスの歴史学・政治哲学者アクトンが述べた「権力は腐敗しがちである。絶対的権力は絶対に腐敗する」という言葉は、人類

う考えると、近代以降の憲法が、国民主権・民主主義と共に権力の乱用を防ぐ立憲主義とを重要な基本原理としているのはとても大事なことだと思います（**立憲民主主義の憲法**）。日本国憲法もまた、その代表例です。私は、立憲民主主義の政治とは何ですかと聞かれるときには、リンカーン（黒人の奴隷解放宣言を行ったアメリカ合州国第16代大統領）の有名な「人民の、人民による、人民のための政治」がそれですと答えることにしています。

が歴史のなかから痛い思いをして学んだ「教訓」だと私は思っている。

2．日本国憲法における立憲民主主義の展開

2-1　日本国憲法のなかの近代憲法原理：自由権、国民主権（民主主義）、三権分立と議院内閣制

　ところで、日本国憲法では、この立憲民主主義はどのように展開されているでしょうか。日本国憲法は、まず、上述のような19世紀西欧で確立した近代（立憲民主主義）憲法の中心原理を取り込んでいます。すなわち、「権利の保障」としては「国家からの自由」という**自由権**保障が種々規定されています（自由権については、すでに第Ⅱ節1－1で説明しました。どのようなものが含まれているかは、この後の3で確認します）。「統治の仕組み」に関しては、国民主権・民主主義（憲法前文第1段や第1条参照）と権力分立（三権分立）を採用しています。三権分立を取り込むに当たって、国会優位型の議院内閣制を導入しています。国会優位型の議院内閣制というのは、行政権を担当する内閣という組織が議会の信任を得て成立し、任務に失敗した時には国会に対して責任を負うようになっている仕組みのことをいいます(注12)。このような議院内閣制は、国民によって直接選ばれた議員から構成される国会によって行政権を民主的にコントロールしつつ、国会と内閣とが協力して国民のために国政を運営することを意図しています。

（注12）
日本国憲法では、行政権を担当する内閣という組織は、内閣総理大臣とその他の国務大臣から構成される合議体（憲法第66条第1項）だが、①内閣総理大臣は、国会議員のなかから国会の議決で選ばれることになっているし、総理大臣が国務大臣を任命するにあたっては、その過半数を国会議員のなかから選ぶこととされている（憲法第67条第1項・第68条第1項）。また、②内閣は、行政権の行使につき、国会に対し連帯して責任を負うとされている（憲法第66条第3項）。

2-2　日本国憲法のなかの現代憲法原理：社会権、個人の尊厳、違憲審査権、地方自治、平和主義・国際協調主義

　さらに、その後の歴史の展開のなかで、こうした近代憲法原理だけでは、権利の保障が不十分であること、また国際社会で各国が協力して人類の共通の課題（戦争、飢餓、人種差別、環境破壊など）の解決に取り組むという国際協調の考えとそれに沿ったルール作りが進んできたことを受けて、日本国憲法は、近代憲法原理を補完する、次のような現代的憲法原理も導入しています。まず、権利保障の点では、「国家からの自由」だけでなく、「各人が社会において人間らしい生存を確保するために、必要な積極的施策を国家に対して要求する権利」も規定されるようになりました。これは、**社会権**ともよばれています。日本国憲法では、人間らしく生存・生活する権利（第25条：生存権・生活権）、教育を受ける権利（第26条）、働く権利（第27条：勤労権）、労働者の団結して行動する権利（第28条：労働基本権）がこれに当たります(注13)。また、人権思想の基礎にあった、「**個人の尊厳**」とか「**人間の尊厳**」という中心原理が改めて注目され、これまでの自由権と新しく加わった社会権という2つの人権の共通の基礎（土台）として、各国憲法や国連の世界人権宣言や人権諸条約に明記されるようになりました。日本国憲法では、すでに言及した「すべて国民は個人として尊重される」（第13条）というのがこれに当たると理解されています(注14)。また、「個人の尊厳」という言葉自体も、日本国憲法では第24条という、家族というもっとも小さな、基礎的な社会の形成に関わる条文のなかで、その法制度作りの指導原理として、取り込まれています(注15)。この第24条は、介護福祉にも深く関わるものだと思います。

　権力分立との関係では、立法権や行政権の乱用を防ぎ、憲法の人権保障を守るために、新たに裁判所に**違憲審査権**とい

(注13)
社会権については、国家による必要な積極的施策によって、各人が再び「国家からの自由」を享受し自ら望むように生きていくことができるようになるという意味で**「国家による自由」**といわれることもある。

(注14)
私は、この「個人の尊厳」については、「私が生きていること」、「私が人間でいること」、「私が私でいること」の3つの側面での保障が含まれると考える。この点については、拙稿「人権としての個人の尊重」『法学教室』175号（1995年）52頁以下参照。

(注15)
憲法第24条（家族生活における個人の尊厳と両性の平等）「第1項　婚姻は、両性の合意のみに基いて成立し、夫婦が同等の権利を有することを基本として、相互の協力により、維持されなければならない。第2項　配偶者の選択、財産権、相続、住居の選定、

う権限が付与されました。違憲審査権とは、裁判所が憲法に基づいて、憲法違反の立法や行政を排除する権限のことです(注16)。その他に、国民主義（民主主義）と権力分立をさらに進めるものとして、統治の重要な権限を地方自治体も担う**地方自治**が導入された点も重要です（憲法第8章）。近年、地方分権という言葉にみられるように、地方自治の拡大とそのための地方財源の確立が緊急課題となっています。元々は、国の仕事とされていた、社会保障行政分野でも、地方への権限の委譲が進んで、今日では、地方自治体の果たす役割が格段と大きくなりました。でも、そのための財源が不十分なのが、地方自治体の悩みの種になっています。

　最後に、他国を無視した独りよがりの国家権力の乱用によって日本国民だけでなく、他国民や国際社会に迷惑をかけないようにするために、**平和主義・国際協調主義**が採用されるに至りました。この考え方を、日本国憲法の前文という箇所に、とくにその第2段と第3段に見いだすことができます(注17)。日本国憲法の平和主義というときには、一般に、第9条の「戦争の放棄・戦力の不保持・交戦権の否認」の規定を指しますが、私は、日本国憲法が前文第2段末尾で、日本国民のみならず世界の諸国民がもつ人権として、「全世界の国民が、ひとしく恐怖と欠乏から免かれ、平和のうちに生存する権利を有する」と書き込んだ「平和的生存権」も平和主義の内容をなす大事なものだと考えています。

3．介護が育てる日本国憲法の「人権の樹」

　ここまでの議論のなかで、近現代の憲法は、個人の権利・自由、つまり人権を確保するために、国家権力を制限することを目的とするものだということを確認してきました。そして、日本国憲法もそうした目的をもった憲法として、確保・保障されるべき「人権」についても、個人の尊厳という土台

離婚並びに婚姻及び家族に関するその他の事項に関しては、法律は、**個人の尊厳**と両性の本質的平等に立脚して、制定されなければならない。」

(注16)
違憲審査権については、最高裁判所について憲法第81条に規定がある。学説・判例で、高等裁判所や地方裁判所なども違憲審査権を行使できると解されている。

(注17)
日本国憲法の前文の第2段・3段では、「②日本国民は、恒久の平和を念願し、人間相互の関係を支配する崇高な理想を深く自覚するのであつて、平和を愛する諸国民の公正と信義に信頼して、われらの安全と生存を保持しようと決意した。われらは、平和を維持し、専制と隷従、圧迫と偏狭を地上から永遠に除去しようと努めてゐる国際社会において、名誉ある地位を占めたいと思ふ。われらは、全世界の国民が、ひとしく恐怖と欠乏から

図1　人権の樹のイメージ

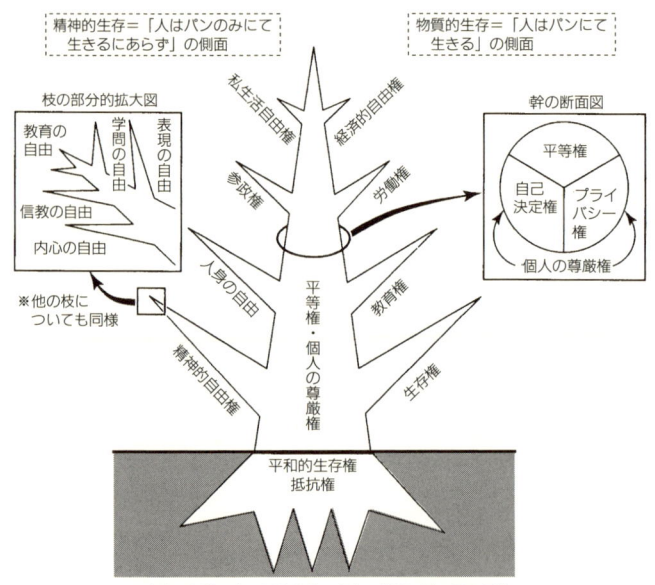

```
精神的生存＝「人はパンのみにて生きるにあらず」の側面
物質的生存＝「人はパンにて生きる」の側面

枝の部分的拡大図
　教育の自由
　学問の自由
　表現の自由
　信教の自由
　内心の自由
※他の枝についても同様

私生活自由権
経済的自由権
参政権
労働権
人身の自由
教育権
生存権
精神的自由権

平等権・個人の尊厳権

幹の断面図
　平等権
　自己決定権
　プライバシー権
　個人の尊厳権

平和的生存権
抵抗権

土壌・太陽・水＝平和主義・個人の尊重・法の下の平等
```

からしっかりと書き込んでいることを指摘してきました。私は、日本国憲法が書き込んだ人権保障の部分の「設計図」を説明する際には、「人権の樹」のイメージを借りて、再構成しながら説明することにしています(注18)。

ここでも「人権の樹」の図によりながら、日本国憲法での人権保障の「設計図」の概略を押さえておくことにします。

①日本国憲法は、いろいろな人権の基礎（根幹）には、「個人の尊厳（個人の尊重）」原則と「法の下の平等」原則があることを、はっきりと明記しています（憲法第13条・第14条）。これらの原則は、国政や地方自治の担当者が統治に取り組む上で遵守しなければならないものです。

②これらの「個人の尊厳」原則や「法の下の平等」原則は、人権規定そのものとしての側面をもっています。「個人の尊

免かれ、平和のうちに生存する権利を有することを確認する。③われらは、いづれの国家も、自国のことのみに専念して他国を無視してはならないのであつて、政治道徳の法則は、普遍的なものであり、この法則に従ふことは、自国の主権を維持し、他国と対等関係に立たうとする各国の責務であると信ずる」となっている。

(注18)
川添利幸・山下威士編『憲法詳論』（尚学社、1989年）第5章「人権保障の原理」110頁以下、根森健『資料集・人権保障の理論と課題』（尚学社、2002年）4頁以下にも採録。

重・幸福追求権」（憲法第13条）としては、たとえば、「プライバシーの権利」や「自己決定権」などが保障されていると学説・判例で今日では考えられています(注19)。また、「平等権」としては、「平等な取扱いを受ける権利」（「差別されない権利」）が保障されています。これらの人権は、私たちが人間らしく生きていく、その土台になるものと考えられるので、人権の幹にあたるものといえるでしょう。

③これらの基礎（根幹）の上に、それを私たちの生活（・活動）の諸領域に即して、いろいろな人権が保障されています。いろいろな人権をどう分類整理するかについてはさまざまな見解があるのですが、本章では、すでに、近代憲法原理と現代憲法原理として説明した、国家と個人の関係に着目した（a）自由権、つまり、自分のことは自分で決め生きていくから、国家は介入するな、という「国家からの自由」と、（b）社会権、つまり、自由権の保障だけでは各人が自由に生きていくには不十分な場合に、国家に必要な積極的な施策を要求する権利（「国家による自由」ということもあるのはすでに第Ⅱ節2－3で説明しました）との違いを重視することにします。なぜかというと、前者の自由権は、いわば、国家を私たちの「個人の尊厳」につながる諸自由を脅かす「オオカミ」だと考えるわけですが、後者の「社会権」は、国家を私たちの「個人の尊厳」保持の協力者と捉えているとも考えられるからです。この２つの異なる視点をもった人権のグループは、時に緊張関係に立つこともあるのです。

④自由権としては、本章では、(i)精神的自由、(ii)人身の自由（身体の自由）、(iii)政治参加の自由、(iv)私生活の自由権、(v)経済的自由があり、それらにはさらにいろいろの自由が含まれていると説明しておきます。ためしに日本国憲法の第３章をチェックしてみてください(注20)。

⑤社会権としては、(vi)生存権・生活権、(vii)教育を受ける権利

(注19)
日本国憲法第13条、その幸福追求権を規定する後段は、憲法に明文では規定されていないが、それでも人権として日本国憲法が保障していると考えられるような「新しい人権」の根拠規定と考えられている。プライバシー権、自己決定権、人格権、環境権や健康権などがその例である。

(注20)
自由権としては、①精神的自由権：内心の自由（第19条)、信教の自由（第20条）、表現の自由（第21条）、学問の自由（第23条）、②身体的自由権：奴隷的拘束・苦役からの自由（第17条）、適法手続の保障（第31条）、裁判拒絶の禁止（第32条）、不法逮捕からの自由（第33条）、不法抑留・拘禁からの自由（第34条）、拷問・残虐な刑罰の禁止（第36条）、刑事裁判手続上の保障（第37～39条）、③政治参加の

(この意味での教育権)、(ⅷ)働く権利（勤労権）、(ⅸ)労働者の団結・行動権（労働基本権）が保障されています(注21)。これもどのようになのかチェックしてみてください。
⑥日本国憲法は、こうした人権がきちんと保障されるためには、「平和」が欠かせないと考えて、すでに触れた、「平和のうちに生きる権利（平和的生存権）」＋「戦争放棄」を書き込みました。ここではこの「平和」についての構想を「人権の樹」の育つ土壌だと位置づけてみることにしました。

このように、「人権の樹」のごく概要を紹介しただけでも、日本国憲法の「人権の樹」がなかなかしっかりしたものだといえるように思いますが、みなさんはどう考えますか。
このように日本国憲法の保障する人権の数々をひとつの「人権の樹」と捉えてみると、「介護福祉」という仕事は、「身体上又は精神上の障害があることにより日常生活を営むのに支障がある者」（社会福祉士・介護福祉士法第2条）の「人権の樹」をしっかりと守り育てることによって、そうした人びとの「個人としての尊厳」とその「生の尊厳」の保持に寄与するものであるといえます。介護保険法第1条が、加齢に伴って要介護状態となった人の「尊厳を保持し、その有する能力に応じ自立した日常生活を営むこと」に言及しているのはまさにこのことに関わるものだと思われます。
「介護福祉」に携わることを目指すみなさんには、日本国憲法や国連の人権諸条約を踏まえて、みなさん自身の「人権の樹」と、みなさんの援助・協力を必要とする人びとの「人権の樹」とをしっかりと守り育んでほしいと願っています。

さらに勉強したいひとのために
杉原泰雄『憲法読本［第3版］』岩波ジュニア新書，2004年．
芦部信喜『憲法［第4版］』岩波書店，2007年．

自由：参政権（第15条）、請願権（第16条）、国家賠償請求権（第17条）、裁判を受ける権利（第32条）、刑事補償請求権（第40条）、④私生活自由権：幸福追求権（第13条）、通信の秘密（第21条第2項後段）、居住・移転の自由（第22条第1項）、外国移住・国籍離脱の自由（第22条第2項）、婚姻ならびに家族生活の自由（第24条）、住居の不可侵（第35条）、⑤経済的自由権：職業選択の自由（第22条第1項）、財産権の保障（第29条）など。

(注21)
この団結・行動権につき、日本国憲法第28条は、「勤労者の団結する権利及び団体交渉その他の団体行動をする権利」と規定している。この団結権・団体交渉権・団体行動権は、労働三権とか労働基本権と一般によばれている。

第**5**章

法に出会わないことの大切さ
―刑法が期待していること―

梶原洋生

　福祉の仕事を目指す学生に、先生たちはこういうことを言うときがあります。
　「あなたたちは専門家になるのだ！」
　「あなたたちは社会に期待されている存在なのだ!!」
授業で声を大にするそうです。
　こう言われて、「そっか、よっしゃ頑張らなきゃ!!」と思うでしょう。気持ちを新たにすると思います。でも、この先生の言う「**社会の期待**」とは、何か。その正体は何なのでしょうか。
　これは、意外と難しい問題です。だれも期待にこたえたいとは思いますが、期待の中身は、よく考えると分かりにくいところがあります。なぜなら、「社会の期待」とやらは、大いに茫洋としているからです。
　そこで、この章では、少し視点を変えて刑法の世界(注1)からみてみます。福祉の仕事を目指す（専門家の卵である）あなたにわかりやすく、これらのことを探るきっかけを伝えてみようと思います。

I　刑法とは

1．犯罪と刑罰

　本書では、まずこう考えましょう。そもそも、私たちは「社会への裏切り」をしてはなりません。人に恐怖を与えてはならないし、人に苦痛を与えてはならないのです。
　そんなことは当たり前の話しで、いうまでもない当然のこ

（注1）
「刑法」には実質的意義における刑法（広義）と形式的意義における刑法（狭義）とがある。広く「軽犯罪法」等の刑罰規定も重要であるが、本章では主にこの狭義の刑法、すなわち「刑法典」を扱うことにする。

とだと思いますか。

　それが、そうでもないのです。最近のテレビ報道でも、介護の仕事をしている職員が、事件を起こして逮捕されています。新聞の小さな記事でも、よく見ます。高齢者の生命を奪った事件などが、取り上げられています(注2)（この本では、他の章でも、さらに詳しく勉強していきます）。

　介護は大切な仕事です。人の大切なものを守る仕事です(注3)。だから、**犯罪**などはもってのほかだと言えるでしょう。社会を裏切るような人が、社会の期待にこたえられるはずはありません。このことを、最初にしっかりと頭に入れておく必要があります。

　あなたに、質問をしてみましょう。

「犯罪とは、どのようなものですか？」

「犯罪には、どのようなものがありますか？」

「犯罪をすると、どうなりますか？」

　こう尋ねられると、どうですか。たいがいの人はなんとなく答えます。まったく無言になってしまって返答できない人はいないようです。しかし、やっぱりなんとなく、です。

　どうですか。

「犯罪とは悪いこと」

「人を殺すと殺人罪である」

「その場合、死刑になったりするのだ」

　あなたも、きっとこんな感じの返答ではないでしょうか。

　でも、ちょっと考えてみてください。

　死刑となったら、その人は生命を奪われるのです。もちろん、悪いことをしたら、それはたしかに許されません。この社会で殺人を犯すようなことがあっては、困る。人としてあってはならない。そう思うのが普通でしょう。

　では、そういう悪いことをした人なら、今度は死刑という形で、その人の生命を奪ってよいのでしょうか。「いのちは

(注2)
刑法各論の体系は個人的法益、社会的法益、国家的法益に対する罪をそれぞれ規定しているが、介護に関連した犯罪は高齢者の財産や身体といった個人的法益に向けられやすいと言われている。たとえば、介護職が高齢者の預貯金を狙った横領事件などがある。家庭内の事情には刑事的介入が及びにくく、残虐な傷害事件などにも発展することがある。こういった時勢のなかで、いわゆる高齢者虐待防止法が制定された。

(注3)
社会福祉士及び介護福祉士法は、その第１条で資格を定め業務の適正を図って、「社会福祉の増進に寄与すること」を目的としている。

何より大切だ」という理由で、殺人者の「いのちを奪って」よいのでしょうか。これは矛盾かもしれないのです(注4)。少なくとも、軽々しく言ってのけられない、重大事です。死刑の存廃論は、わが国ではずっと議論をしている問題なのです。

このように考えてみると、社会への裏切りにたいして、社会が制裁をするという仕組みは、実はとても苛酷なのだと、気づくでしょう。もちろん、「悪いこと」は悪いし、「よくないこと」はよくないけれど、それに刑罰を与えるというのも、大変な仕業です。だから、だれかがよくなさそうなことをしたからといって、その人の行為を、その時々の裁判官がフィーリングやアドリブで決め付けて非難するようなことは、到底できません。犯罪についてはきちんと法律で定め、その**刑罰**についても取り決め、運用されることが必要です。

この仕組みを作っている法律が、**刑法**と呼ばれるものです。**社会秩序の維持**という大義に基づきます(注5)。刑法は古来治国の大法と呼ばれてきました。

さて、いま見たように、刑法とは犯罪と刑罰に関する法律です。この刑法の中身を見てみましょう。上の記述に関係するのは、わが国の刑法第199条です(注6)。

第199条
　人を殺した者は、死刑又は無期若しくは五年以上の懲役に処する

これを2つに分解すると

☆「人を殺した者は」（前半部分）

☆「死刑又は無期若しくは五年以上の懲役に処する」（後半部分）

(注4)
死刑を存続させるべきか、廃止させるべきかについては、世界的にもさまざまな議論がある。とくにヨーロッパでは死刑廃止に向けた取組みが注目を浴び、廃止した国が多くある。

(注5)
古来、法には2つの目的があると言われている。そのひとつは具体的妥当性の追求であり、いまひとつは法的安定性の確保である。特に、後者の考え方は、社会秩序の維持と置き換えられるものであろう。

(注6)
刑法は第202条で自殺の関与及び同意殺人についても定めている。これらに関連しているものとして、病院での安楽死や施設での看取りの問題がある。

となります。

> ★この前半部分は、「人を殺す」のは犯罪だということを示しています。
>
> ★この後半部分は、「そういうことをすると、処罰するぞ」ということを示しています。

何が犯罪なのか（何をしてはいけないのか）。それをすると、どういう制裁が加えられるのか。これらのことを明らかにしています。

ほかにも、窃盗罪（第235条）や詐欺罪（第246条）や横領罪（第252条）などについて、同じような文法で記されています。「○○○○をした者は」「△▽△▽の刑に処する」と書かれています。法律のなかで各行為を整理しています。配列したうえで規定しています(注7)。

すでに記したとおり、刑法がその違反者にたいして科する刑罰は、かなり苛酷なものです。たとえば、刑法の第9条は「刑の種類」として「死刑、懲役、禁固、罰金、拘留及び科料」の7つを定めています。

刑罰によって奪われるものに注目し、この7つは3つに分類することができます。①死刑は「生命刑」、②懲役・禁固・拘留は「自由刑」、③罰金・科料・没収(注8)が「財産刑」です。違反者の生命の剥奪をはじめとして、いずれも手厳しい利益の剥奪です。

2．刑法の基本原理

この法律の適用においては、充分に慎重で丁寧な態度が要請されることになるわけです。そうした要請を原理化したのが、**罪刑法定主義**です。これこそが、刑法の基本原理だと言えます(注9)。犯罪と刑罰はあらかじめ法律、それも成文の

(注7)
たとえば、刑法第235条は「他人の『財物』を窃取した者は」「10年以下の懲役に処する」としているので参照されたい。かつて、この『財物』という言葉が指す範囲について解釈の争われたことがある。その結果、第245条の「電気は、財物とみなす」という規定が設けられた。このように、刑法は条文の解釈を明確化すべきとする。言い換えれば、類推解釈はなるべく避けるべきという基本的な考え方がある。

(注8)
罰金と科料は金額の違いである。罰金は1万円以上、科料は1万円未満1千円以上である。また、没収は、他の刑罰のように独立して言い渡すことはできず、他の刑罰に付加して言い渡す。

(注9)
この基本原理から以下の考え方が派生している。それは、①不定期刑の禁止（刑期の定めのない刑罰は禁止する）、②刑

法律によって規定されていなければならない、ということです。この原則を nulla poena sine lege というラテン語で表現することがあります。ドイツの刑法学者フォイエルバッハ（注10）（Feuerbach）が1801年に刑法の教科書で用いたもので、『法律なければ刑罰なし』と翻訳されています。

この刑法の基本原理について歴史を辿るならば、1215年の**マグナ・カルタ**にその考え方を見ることができます。英国王のジョンが自由刑（人の自由を奪う刑罰）と財産刑（人の財産を奪う刑罰）は、法律に基づいてのみ科せられること、それが裁判という手続を経てのみ執行されることを国民に約束したものです。

また、1789年の**フランス人権宣言**も重要です。法律では絶対に必要な刑罰以外には定めないこと、行為をしたあとから作られた法律によって、その事前の行為が処罰されないことなどを保障したものなのです。

ここから、刑法のなかに「国家と国民」の対抗図が確認できます。社会の秩序を謳った刑法が国家の権力として国民に働きかける側面と、国民が法の恣意的な強制に慄くことなく各人の自由なる暮らしを保障してほしいと訴えかける側面、その両立に必要なのが罪刑法定主義という原理の維持なのです。そこで、わが国でも、このことが憲法で確認されています。日本国憲法第31条で「何人も、法律の定める手続きによらなければ、その生命若しくは自由を奪はれ、又はその他の刑罰を科せられない」とされています。

3．刑法の役割

人びとのよからん行為を列挙して規定する刑法は、私たちにとってどんな働きをする法律なのでしょうか。刑法に定められたよくないことをしないように「自分に言い聞かせている」、そして、「いまのところ（刑法的な出来事に）遭遇せず

罰法規の不遡及（事後にできた法で時間を遡って刑罰を科してはならない）③慣習刑法の禁止（慣習は刑法の法源たりえない）④類推解釈の禁止（類推によって直接規定のない行為を犯罪扱いしてはならない）などの考え方である。

（注10）
L.A. Feuerbach
1804〜1872年
刑法の一般的な予防効果について理論的な基礎を示した。近代刑法学の父とよばれている。

第5章　法に出会わないことの大切さ—刑法が期待していること—

に暮らしている」状況かもしれません。

　じつはここに、刑法の役割が垣間見られるのです。これを、学説としていろいろに言っています。現在、刑法の役割については、次のようないくつかの指摘があります。

刑法の役割

①規制的機能	規制して犯罪行為を予防できる。
②法益保護機能	それぞれの大切なものが守られる。
③自由保障機能	「してはダメ」なことが分かっていれば、行動しやすくなる。

　①＜**規制的機能**＞刑法によって一定の犯罪と刑罰が結びつけられると、その行為は「よくない」と評価でき、「してはいけない」と意思決定されることになる。そうすると、その該当者だけでなく、世間の人びとにたいして、そのような犯罪行為の予防を促す働きが生まれる。

　②＜**法益保護機能**＞私たちの社会生活において法的に保護すべきと考えられるものを法益と呼び、人の生命や自由や財産がそれにあたります。刑法の存在意義は具体的にはこの法益を保護することだと考えられます。

　③＜**自由保障機能**＞刑法は私たちに各種行為の評価をするものですが、それが前もって明らかに示され、慎重かつ厳格な適用を目指されているところにも、重要な意味があります。曖昧な取り決めで恣意的な判断をされたのでは、私たちは自分の行為に自信が持てず、安心して暮らせません。逆に、刑法がしっかりしたものとして存在してくれれば、私たちは「してはいけないこと」なのかどうかの境が分かりやすくなって、行動の自由が保障されることになります。

　上のような役割は、実際わが国の刑法においても目指されているところです。だから、あなたもきっとよくないことを

「自分に言い聞かせている」し、「お蔭様で刑法的な出来事に遭遇せずに暮らせている」と考えられるのです。

4．介護職と刑法

　刑法の犯罪類型を見ると、今日の介護職と大いに関係があるものもあります。あなたが、そういう犯罪をしないことはもちろんです。しかし、それだけではありません。自分の周囲を正すべきです。事業所のあり方などに責任を持つべきです。そのためにも、犯罪についてしっかりと知っておく必要があります(注11)。

　そして、もっとすごいことがあります。介護職がこういう知識と考え方を身につければ、人を救うときもあるのです。現在、高齢者が犯罪に巻き込まれるケースが増えています。逆に、高齢者が犯罪をしてしまうこともあります。そういうときなどに、介護職がそのことに気づけるとよいでしょう。未然に防げたというケースが、いくつもあるのです。介護職への期待はそういうところにもあります。

> トピックス【増加する高齢者犯罪】
> 　A県内で逮捕や書類送検された刑法犯のうち、65歳以上の高齢者の割合が年々増え続け、今年上半期は約1割を占めるまでになっていることが、県警のまとめでわかった。今年は半年間で1000人に迫り、昨年1年間の約1600人を上回る勢いだ。犯罪にも押し寄せる高齢化社会の波。中には「生活苦」が背景にある事例もあり、法務省は今年度から、高齢犯罪者に関する調査を始めた。B男は窃盗の前科があり、2001年12月に出所した。C市内の老人ホームなどで理容師をしたり、アルバイトをしたりしていた。生活保護を受け、まじめに暮らしていたが、「今年になって再び窃盗を始めた」と供述している。同署幹

(注11)
従来、介護職の引き起こした事件については民事的な訴訟事例が多かったが、近年は遺族が介護職を刑事告訴するケースも現れてきている。利用者が特別養護老人ホームで死亡したのは、介護職が必要な注意を怠った結果であるとして、業務上過失致死罪（第211条）に問われたこともある。これを防ぐために適切なバイタルチェックと病院への移送も問われた事例である。その他、食事介助の際に誤嚥を招き、それを放置した介護職の行為も、その犯罪性を指摘されたことがある。

部は「男の収入は少なかったようで、経済的な問題が犯罪に走らせる要因になっているのか」と残念がった。そのうえで、「犯罪は犯罪だが、年金などで暮らすにも金額が不十分で、再就職も難しかったのか。社会の一員として温かく接することが必要かもしれない」と記者に話した。この言葉が印象的だった。記者が取材した事例は、生活苦や介護問題など、高齢者の「暮らしにくさ」が犯罪につながっていた。社会の高齢化は、これからますます進む。治安回復の観点からも、高齢者福祉を充実させることが求められる。（2006年8月23日　読売新聞）
http://chubu.yomiuri.co.jp/tokushu/dounaru/dounaru060823_1.htm より抜粋引用

Ⅱ　実際上の取り扱い

　じつは、犯罪と認定するのは、「あいつがよくないことをしでかした」というときだけではありません(注12)。次のような場合には、その危険性・重大性から考えて、刑法の認定対象になってくるのです。

1．未遂

　たとえば、だれかがグループホームに入居中のWさんを毒殺しようと、その建物に侵入します。Wさんの居室を見つけ出して、寝ているWさんに近づき、侵入者は自分のポケットから毒薬を静かに取り出します。そして、ついに致死量の毒薬をWさんの口の中に入れようとします。しかし、そこで、Wさんが目を覚ます。悲鳴をあげられたので、侵入者は逃走したとします。このケースでは、殺人未遂が成立したといえます。実行した行為によって、あとはWさんの死までまっしぐらだったからです。気づかれさえしなければ因果(注13)の

(注12)
行為者に故意又は過失があるかという点も、犯罪の成立において重要である。故意とは「わざと」であり、「過失」とは「うっかり」のことである。故意を、①確定的故意（結果の発生が確実であると認識した場合）、不確定故意（曖昧ながら認識した場合）に分けて認定することもある。きわどいのは不確定的故意である。なかでも、結果の発生が明らかではなかったが、「そうなってしまってもかまわない」という形で「わざと」行った行為者には「未必の故意があった」と表現する。

(注13)
刑法上の評価はその行為者に最終的な責任を問うものである以上、因果関係のない行為を非難できないことは当然である。しかし、自然科学的には、この世のあらゆる事物にはなんらかの関係もあるので、そのなかでどの部分に「関係あり」というかは、刑法理論上かねて議論になって

流れはそのままWさんの死へ向かって進んでいくと考えられる状況を生み出したからです。このように、実行に着手したが、結果が発生しなかった場合を**未遂犯**と呼びます。刑法第43条は「犯罪の実行に着手してこれを遂げなかった者は、その刑を減軽することができる。」として、未遂の段階で処罰されることを明示しています。もちろん、未遂の場合には現実的な法益の侵害が存在しません。刑法における処罰は、法益の侵害が実在するときにこそ考えるのが原則です。しかし、殺人などの重大な犯罪の実行に着手したときは、その危険性から、このように扱うことになっています。

2．共犯

犯罪は、その実行者本人を特定して、その張本人が実際そのようなことを行ったと言える場合に認定するのが原則です。しかし、現実には何人かの人びとが一緒になって起こる事件もあります。これを**共犯**といいます。高齢者が被害にあった事件や巻き込まれた事件には、こういう複数人が関与したケースも多くあり、共犯関係と呼ぶべきものも目立ちます。刑法は、これらの類型として3パターンを想定します。

共同正犯	刑法第60条	二人以上の者が共同して自ら犯罪を実行すること。
教唆犯	刑法第61条	他人を犯罪へとそそのかすこと。
幇助犯	刑法第62条	他人の犯罪を手助けすること。

3．犯罪の認定

刑法の適用にあたっては、どういうふうに判断されていくことになるのでしょうか。刑法の実際場面では、「犯罪が成

きたところである。通説はまず条件関係の認定を考える。つまり、「AなければBなし」と言えるかを考える。次にそのような関係が社会的に見て経験則上一般的であるかを考える。そのような行為からそのような結果が起こることは「相当である」とみなされる場合に、この行為者に因果関係を認定し、その行為の責任を追及することになっている（相当因果関係説）。

立する」とみなされるために3つのステージで考えます。それは、構成要件該当性、違法性、有責性の3つです。つまり、刑法における評価対象としての犯罪とは、それらを総合して、「構成要件に該当して、違法かつ有責な行為である」と言えます。

＊「犯罪」は絞り込んで認定する！

第1ステージ	構成要件該当性があるか （犯罪に当てはまる行為でなければ→問題にできない）
第2ステージ	違法性が認められるか （正当防衛など、やむなき事情があれば→違法ではない）
第3ステージ	責任が問えるか （病気などで非難することが難しいなら→責任は問えない）
結論	上記をすべてクリアーすることが条件。そうでなければ、犯罪として処罰しない。

①第1ステージ ≪**構成要件該当性の判断**≫

あなたが勤務先の特別養護老人ホームを利用しているPさんに全治1カ月程度の傷を与えたとします。それが紛れもない事実であれば、それはやはり刑法の対象に入ってきます。刑法第204条の傷害罪における「人の身体を傷害した者は……」にあたる可能性が出てきます。第209条の過失傷害罪や第211条の業務上過失致死傷害罪のケースも考えられます。その「当てはまる可能性」を、まず無視できないという考え方が大切です。つまり、あなたの行為が存在し、それが原因となる結果が発生しているという事実は、否定できないと認

識することになります。これを「構成要件該当性がある」と表現します。構成要件という概念は、犯罪を構成する行為の枠組みという意味です。ドイツの刑法学からわが国に輸入されました。現在では判例においても用いられています。あなたの行為が構成要件に該当するということが、刑法の実際場面で最初の問題点になります。

②第2ステージ≪違法性阻却の判断≫

　あなたの行為が構成要件に該当しても、それだけで直ちに犯罪と評価され、刑罰が科せられるということではありません。刑法の適用を考えるのに、つぎの思考段階に進みます。それは、行為の違法性(注14)についてです。もしも、違法性がないなら、話は別だということです。たとえば、あなたがＰさんを傷害したとしても、やむをえない事情の場合があります。実はＰさんの方から先制攻撃をしてきて、あなたはあくまで自分を防御するために対抗しただけというときなどです。このケースでは正当防衛と考えられます。刑法第36条には、「急迫不正の侵害に対して、自己又は他人の権利を防衛するため、やむを得ずにした行為は、罰しない」と定められているのです。たしかに、一見、あなたによる加害行為があるので、構成要件には該当しますが、やむをえなかったことにします。こういったとき、「違法性を阻却する」ケースだと表現します(注15)。この考え方をあてはめて、行為者は処罰されないことになります。

③第3ステージ≪責任阻却の判断≫

　犯罪が成立していると言うためには、上記の第1段階・第2段階について判断し、さらにこの第3段階に進めて判断をしていきます。それが「責任」を考えるというステージです。この責任という表現を刑法で使う場合には、「その行為について行為者を非難しうるか」という意味合いです。もしも、非難し得ないときには「責任を阻却する」と言って、処罰し

(注14)
違法性とは「法に違反すること」であるが、それを問題にすることの本質については主に2つの考え方が指摘されている。それは①社会倫理に反する行為だというところが問題だとする「行為無価値論」、②法益が侵害されるところが問題だとする「結果無価値論」、の2つである。

(注15)
正当防衛（刑法第36条）以外にも、①緊急非難（刑法第37条）、②法令行為（刑法第35条前段）、③正当業務行為（刑法第35条後段）は、違法性が阻却される。

ません。たとえば、その行為者が精神障害を有していたらどうでしょうか(注16)。それによって物事の善悪がまったく分からなかったとしたならば、行動を制御することは不可能です。だから、非難も不可能だということになります。

これらの3段階の順序に基づき丁寧に考えてみることで、刑法の運用が図られる仕組みになっています。最初の構成要件該当性がもっとも広く判断されることになりますので、そのあと段階を追いながら、判断を進めて絞り込みます。丁寧に検討して、犯罪を慎重に認定するのです。

4．刑法の期待―謙抑主義

介護は人の生命に関わり、生活を保障するものです。社会はいかに人びとの生命の大切さや生活の価値を自分たちで認め合うのかを、考えなければなりません。それが刑法の原理や犯罪の捉え方にも示されています。

刑法について、なるべく慎重に適用されなければならないという考え方は重要です。そこには、法の安易な厳罰化や気安い立法に頼る前に、社会の構成員たる人びとに、まず自分たちで為すべきことを為してほしいという願いがあります(**謙抑主義**(注17))。本章では、最初に社会の期待について触れました。介護の仕事の「刑法に頼らないチカラ」が期待されます。刑法は、「刑法がなるべくでしゃばらないですむ社会」を望んでいます。

さらに勉強したいひとのために
町野朔『プレップ刑法（第3版）』弘文堂, 2004年.
古田祐紀『刑法という法律（改訂版）』国立印刷局, 2005年.
法務総合研究所『平成19年版犯罪白書』
A.マリンチャック『老人と犯罪―せまりくる老齢化社会のために―』成文堂, 1983年.
森長秀編『臨床に必要な法学』弘文堂, 2007年.
梶原洋生『介護の法律入門 think like a lawyer』インデックス出版, 2006年.

(注16)
精神障害を有する人々には別の配慮がなければならない。これに関し、「心神喪失等の状態で重大な他害行為を行なった者の医療及び観察等に関する法律」（いわゆる医療観察法）が2005年から施行され、その運用に係るべき審判制度の取組みが進められている。

(注17)
刑法は社会で必要やむをえない範囲においてのみ適用されるべきだとする考え方を謙抑主義と言う。また、そういった刑法の性格を「法の補充性」と言うことがある。

第6章

行政の考え方
―行政法学の視点から―

小林博志

　国民は介護福祉サービスをどのようにすれば利用できるのかとか、介護福祉はどのような仕組みで行われているのか、ということは、ほとんどの人は知っていると思われます。また、この問題を考える際に、行政の関与を除外できないことも理解されているはずです。しかし、介護福祉に行政がどのようなかたちでどの程度関与しているのかとか、行政が関わる場合どのような法律に基づいているのか、ということを正確に理解している人は少ないのではないでしょうか。

　たとえば、要介護認定の申請をしたが要支援認定しか受けることができなかった人が認定を修正するためにはどのような手続をとるべきなのか、さらに、自分が受けている介護サービス事業者や介護施設が十分なサービスを提供しない場合、その施設を監督する行政機関にどのように改善を働きかければよいのか。それらだけでなく、行政機関から情報を取得したい、また斡旋して欲しいと考えることもあるはずです。実はこれらは**行政法・行政法学**(注1)で扱われる問題なのです。

　この章では、以上の問題を**介護保険制度**を中心に解説することにします。

I　行政と介護サービス

1．行政とは何か―地方分権

　日常生活を見回すと、多くの行政の関与が指摘できます。生活に欠かすことのできない水道の供給や道路の整備、子どもたちの学校教育、そして公園や図書館、これらは行政がわ

（注1）
行政法学は行政法に関する学問であるが、行政法は、憲法とは異なり行政法という統一法典はなく、通常行政に関する法規群を指し、①介護保険法や老人福祉法などの行政実体法、②厚生労働省設置法などの行政組織法、③行政事件訴訟法などの行政救済法の3つに区別できる。

れわれに提供しているものです。

行政について考える際には、まず、その組織と作用を区別する必要があります。組織には、国、都道府県そして市町村の3つがあります。これら以外にも、国や都道府県の現業部門が独立した独立行政法人や政府が出資している特殊法人(注2)があります。

行政の作用とは、これらの組織が行うことを指しますが、通常は、国家作用のなかから立法と裁判を除いたものと説明されます。行政の作用は、**憲法**から委ねられた課題であり、国民の生存と健康に配慮し、国の経済発展のために寄与するさまざまな作用であるといえます。

こうした意味、とりわけ憲法第25条の**生存権**の趣旨からすると、高齢者や障害者という弱者の生活を保障する介護福祉は、行政の課題といえます。

ところで、1999年の**地方分権改革**(注3)で、国の役割は外交や全国的な規模と全国的な視点で行う事務に限定され、他方、市町村や都道府県は「住民の福祉の増進を図ることを基本として、地域における行政を自主的かつ総合的に実施する役割を担う」とされました(地方自治法第1条の2)。とくに、われわれの身近では「基礎的な地方公共団体として」の市町村の役割が大きくなったといえます。しかし、介護行政では、後述するように、確かに市町村の役割が大きいのですが、国や都道府県の関与もあり、その関係は複雑です。

2．"措置から契約へ"と行政の役割

社会福祉や介護行政を振り返ってみると、2000(平成12)年を境に行政の役割が大きく変わっています。2000年までは、高齢者や障害者の介護について、介護を求める者の申請を受けて、行政が介護の内容を措置決定していました。しかし、2000年の**介護保険法**や社会福祉各法の改正により、行政はサ

(注2)
特殊法人として公社、公団、公庫、金庫、営団があったが、その多くは独立行政法人または民間会社に改組された。独立行政法人としては、福祉医療機構や国立重度知的障害者総合施設のぞみの園などがあり、特殊法人としては、日本銀行、地方住宅公社がある。

(注3)
1999年の地方分権改革では、国の上下関係を導いた機関委任事務が廃止され、自治体の自己決定権の保障を目指し、市町村の合併が進められた。

ービスの利用に必要な費用を支援するだけで、要介護者は自らでサービスを提供する事業者とサービス提供契約を締結してサービスを受けることになりました。このような変化を通例**"措置から契約へ"**という言葉で表します。さらに、2005年には**障害者自立支援法**が成立し、障害者への給付を一元的に規制し、精神障害者の福祉も支援費制度の枠内に置かれました。

"措置から契約へ"という変化のなかで、行政の役割は次のようになります。

以前は、サービスの決定、サービスの提供あるいは委託という、介護の大部分を行政が担っていました。それに対し、契約型における行政の役割は費用の算定と交付、事業者が適正に介護サービスを提供しているのかの監視、介護に関する要介護者からの苦情の受付などになりました。いわば、介護から一線を退くという立場に変わったのです。

ただし、身体上または精神的な障害のため介護保険を利用できない65歳以上の高齢者については、行政が従来型の措置決定(注4)をとることができます（老人福祉法第10条の3）。同じような境遇の身体障害者や知的障害者に対しても、行政は措置決定を行うことができます（身体障害者福祉法第18条、知的障害者福祉法第16条など）。また、介護に関わる介護福祉士、社会福祉士や医師などの規制も行政の役割です。

3．法律による行政の原理と委任立法・通知

前述したように、行政は介護福祉にさまざまなかたちで関与しています。しかし、行政が関与する場合には法律の根拠が必要です。これを「**法律による行政の原理**」(注5)といいます。行政権の行使がわれわれ国民の権利を侵害する可能性が高いので、行政権は法律＝「われわれ国民（に代わって代表者）が同意した条件」のなかで行使しなければならないとい

(注4)
措置決定は、行政行為という行為形式であり、公定力を有し、取消すためには後述するように、取消訴訟を提起する必要がある。

(注5)
法律による行政の原理には、厳密には①法律の法規創造力（法律が国民の権利義務を定めること）、②法律の優位（行政活動が法律に違反してはならないこと）、③法律の留保（行政活動には法律の根拠が必要であること）の3つが含まれるが、①と②は当然とされるべきものなので、③が主たる内容となる。

第6章　行政の考え方─行政法学の視点から─

うものです。**日本国憲法**は、これを第84条の「租税法律主義」や第41条の「国会の唯一の立法機関性」で表現しています。したがって、行政が介護福祉に関わる場合には、**介護保険法**、**老人福祉法**、**社会福祉法**や**障害者福祉法**などの法律に基づいていなければならないのです。もちろん、法律の上位にある憲法も行政を規制します。たとえば、憲法第14条が定める「法の下の平等」に基づいて、行政は、介護行政においても国民を平等に扱わなければなりません。

しかし、これにも、いくつかの例外があります。そのひとつは**委任立法・行政立法**です。法律で規定されていない事項は、法律に委任された介護保険法施行令などの政令や介護保険法施行規則などの厚生労働省令によって規定されているのです。たとえば介護施設に関する基準は省令で定められています。その他にも、省令はかなりの数にのぼり、重要な働きをしています(注6)。

これらの政令や省令（＝**委任立法**）は、憲法や法律で認められているとはいえ、あまり多いと「法律による行政の原理」を空洞化させます。それ以上に問題とされているのが「**通知**」(注7)です。介護保険法、同法施行令や同法施行規則などについて、国から示された「通知」が事実上法の役目をしていることが多いのです。たとえば、「指定居宅サービス等の事業の人員、設備及び運営に関する基準について」（平成11年9月17日厚生省老人保健福祉局企画課長通知）という「通知」などは国、とくに厚生労働省が示した法解釈なのです。法律でないのですが、事実上都道府県や市町村を拘束し、介護行政を規制しています(注8)。市町村が行う介護行政は、委任立法や通知によって国に事実上動かされているともいえるのです。ただし、委任立法や通知には、2005年の行政手続法の改正で導入された意見公募手続が適用されますので、その改正には国民の意見を聴くことになります。また、市町村

（注6）
通常、行政を規律する法を「行政法の法源」と説明される。成文法源として憲法、条約、法律、政令、省令、規則及び条例が、不文法源として慣習法、判例法及び正義がある。行政法が国民の権利や義務に関わるものなので、慣習法の存在は小さい。

（注7）
通知は、法源ではないので裁判所を拘束しない。それで、通知が問題とされる裁判では、それが法の解釈として正しいかが審査される。

（注8）
厚生労働省の基準（省令）ではおむつ代について規定はないが、通知では、保険給付に含まれるので、別に徴収してはならないことになる。

や都道府県も、介護に関する条例を制定して独自の介護行政を進めることは可能です。

　さらに、後述するように、法律ではなく計画によっても介護行政は動いています。これを**計画による行政**と呼びます。また、現在の行政は国民の権利を侵害する場合には必ず法的根拠が必要だという、「**侵害留保**」(注9)という考えで動いていますので、逆に国民へサービスを提供する場合には法的根拠は必要とされません。また、国民の同意を得て行動する場合も法的根拠は必要ないとされています。

　このように、行政が介護福祉に関わる法律はかなり複雑です。しかし、行政が活動する場合には、原則として法的根拠が必要であるということは理解しておく必要があります。そして、行政が法の規制に違反し国民の権利や利益を侵害するときには、後述するように、国民は救済や是正を裁判所などに求めることができます。

Ⅱ　介護行政の仕組みと法的問題

1．介護行政に関する計画

　では前述した介護行政の計画(注10)はどのように作られるのでしょうか。順を追って見ていきましょう。まず厚生労働大臣が、介護保険給付を円滑に行うため「**基本指針**」を定めます（介護保険法〔以下「介保」とする〕第116条）。次に、市町村は、介護保険給付を円滑に行うため、3年毎に「**市町村介護保険事業計画**」を策定します（介保第117条）。これは、先の基本指針に即して、「市町村老人福祉計画」と一体のものとして策定し、さらに、「市町村地域福祉計画」と調和させなければなりません（介保第116条、第117条第4項、第5項）。また、都道府県も、基本指針に即して、介護保険給付を円滑に行うための「都道府県介護保険事業支援計画」を3年毎に策定します（介保第118条）。

(注9)
法律の留保については、①侵害留保（国民の権利を侵害する場合に法律の根拠が必要）、②社会留保（侵害留保＋社会権に関わる行政には法律の根拠が必要）、③全部留保（すべての行政に法律の根拠が必要）という3つの考え方があるが、全部留保説などでは現実の行政が動かないので、侵害留保説がとられている。

(注10)
行政計画という行為形式も最近ではよく使われる。行政計画の特徴としては、目標の設定と手段の総合性が挙げられる。

基本指針は必ず公表され（介保第116条第4項）、さらに、市町村が行う介護保険事業計画の策定や変更の際には、被保険者の意見を聴くことが義務付けられています（介保第116条第6項）。このように、介護に関する計画については、国民の意見を反映する仕組みがとられています。また、障害者の福祉についても同様で、政府、都道府県そして市町村は、それぞれ障害者基本計画、都道府県障害者計画および市町村障害者計画を策定し（障害者基本法第9条）、これらを公表します。

現実の介護は、こうした指針や計画に従ってなされます。

2．介護保険と行政行為

国民とりわけ高齢者・被保険者が介護保険給付を受けようとする場合、被保険者は**要介護状態**または**要支援状態**に該当すること、同時に要介護状態または要支援状態のどの区分に該当するのかについて市町村に申請し、認定を受けなければなりません（介保第18条、第19条、第32条）。

この市町村の認定は行政行為・処分に当たります。行政行為・処分はそれが違法でも、裁判所などが取り消すまで効力を持ちます。担当職員が勘違いなどで違法な認定が行われた場合、民事上の行為と異なり、その取消しには不服申立てや行政事件訴訟法の取消しの訴えなどの方法を取る必要があります。

ただし、認定手続は以下のように整備されているので、違法な認定などは行われないようになっています。

まず、申請を受けた市町村は、認定調査員を派遣して申請者との面接や主治医の意見などから、要介護状態に該当するかどうか、どの状態に当たるかを判断します（第1次判定）。そして、調査結果を受けた介護認定審査会は、再び主治医である医師などの意見を聴き、審査および判定を行います（第

2次判定)。市町村は、この審査および判定に基づいて処分を行います（介保第27条、第32条）。

　要介護認定には有効期間があるので、更新も同じ手続で行います（介保第28条）。また、従来、認定調査はサービス提供事業者に委託されていましたが、2005年の改正で、新規の認定だけは市町村の職員が行うことになりました。

　介護認定の変更・取消し、そして、指定居宅サービス事業者の指定とその更新（介保第70条、第70条の2）、指定地域密着型サービス事業者の指定（第78条の2）、指定居宅介護支援事業者の指定とその更新（介保第79条、第79条の2）、指定介護老人福祉施設の指定とその更新（介保第86条、第86条の2）および介護老人保健施設の許可、また、指定居宅サービス事業者などに対して、改善措置を命ずる行為（介保第76条第3項）、さらには、介護保険を利用できない高齢者について行う行政の措置決定も処分に当たります。したがって、これらについても違法であれば不服申立てや取消しの訴えなどを起こすことができます。

3．申請と行政手続法

　居宅介護サービスなどの介護を求める高齢者は、本人が要介護認定の申請をすることができないことが多くあります。そこで、介護保険法は、介護を求める本人が入所している施設の事業者に申請の代行を認めています（介保第27条）。ただし、2005年の法改正により、代行は指定基準の違反歴がない指定居宅介護支援事業者、地域密着型介護老人福祉施設や介護保険施設に限定されました。もちろん、自宅で介護を受けている場合は、親族などが代理で申請を行うことができます。

　ところで、以前は行政行為・処分についてその決定過程が公正または透明でないことが指摘されていました。そこで、

処分の相手方にその理由を開示し、また相手方の意見を聴いて処分を行うという手続を重視するという考えに基づいて、1994年に**行政手続法**(注11)が施行されました。同法は申請に対する処分手続や不利益処分手続などを規定していますが、介護行政の、どの処分にこの手続が適用されるのかが問題となります。

たとえば要介護認定を求める申請は行政手続法の申請に該当し、同法第2章の申請に対する処分手続が適用されます。したがって、市町村は申請に対する審査基準（どういう要件があれば申請を認めるのかなど）を定め、これを公にすることが求められます。そして、申請に必要な書類についての情報提供や、申請者から求めがあれば、見通しなどを説明することに努めなければなりません。

さらに、申請が形式上の要件に適合しないときには、速やかに補正を求めるか、申請を拒否することになりますが、拒否する場合には、その理由(注12)を申請者に示す必要があります。このような申請に対する処分手続は、指定居宅サービス事業者の指定の申請などにも適用されます。

また行政手続法は、処分を取り消すなどの不利益処分をする場合、相手方の意見を聴いて行う「聴聞」などの手続を規定しています。この手続は、指定居宅サービス事業者の指定の取消（介保第77条）や介護老人保健施設の許可の取消（介保第104条）などに適用されます。たとえば都道府県知事が指定居宅サービス事業者の指定を取り消す場合には聴聞手続、一定期間停止する場合には弁明の機会の付与手続をとることが必要となり、さらに、処分を行う場合は理由を提示することも求められます。

ただし、申請者の要介護認定を取り消したり、または申請者の不利益になる変更の場合については、行政手続法が「金銭の給付の決定の取消し」について不利益処分手続を適用し

(注11)
行政手続法には、①申請に対する処分手続、②不利益処分手続、③行政指導手続、④届出手続、⑤意見公募手続が規定され、行政活動の公正性と透明性を確保するため、基準の設定、情報の提供、理由の提示、聴聞の実施及び意見の公募などの手続が実施される。

(注12)
理由の提示は、申請の拒否の根拠条文を示すだけでは足りず、申請人に関する具体的事実を摘示してそれがどの要件に合致するのかなどを示す必要がある。

ないと規定しているので、適用されません。

　また、行政手続法は、**行政指導**についても規定しています。たとえば代表的な行政指導である「**勧告**」は行政手続法に従ってなされる必要があります。都道府県知事が指定居宅サービス事業者に対して各種の基準を守るよう「勧告」をする場合は、「あくまでも相手方の任意の協力によってのみ実現されるものであること」を自覚しなければならず（行政手続法第32条１項）、内容を強制することはできません。

４．介護に関する調査手続と情報の保護

　要介護認定や各種の指定の取消しなどを行う場合、行政は調査を行い、その調査資料に基づいて決定を行います。ですから、調査は重要です。たとえば、要介護認定の申請をした国民に対し、市町村は、職員に申請者との面接を行わせ、心身の状況などを調べなければなりません（介保第27条第２項）。また被保険者としての資格などに疑問がある場合には配偶者などに質問したり、文書の提出を求めることができます（介保第202条）。調査のやり方について規制はありませんが、プライバシーの保護はもちろん、社会通念に沿った範囲でしか調査は認められません[注13]。こうした制約は、現実に介護サービスを受けた者とサービスを提供した事業者に対する追跡調査（介保第23条、第24条）や調査指定居宅サービス事業者に対する調査（介保第76条）などについても妥当します。

　また職員は、職務上知りえた情報を第三者に漏らすことはできません。これは、公務員の秘密を守る義務（国家公務員法第100条、地方公務員法第34条）、また、行政個人情報保護法[注14]第７条においても個人情報を扱う従事者の義務として規定されています。秘密を漏らした職員は処罰されます。
　また、介護保険法は、介護に従事する介護支援専門員（ケア

(注13)
行政調査について一般的な規制はなく、最高裁昭和48年７月10日判決は、税務調査の範囲、時期等について、「社会通念上相当な限度」とか「職員の合理的選択」という制約を課しており、他の調査にもこうした考えは妥当する。

(注14)
2003年に制定施行された個人情報保護法に合わせて制定されたのが、行政個人情報保護法であるが、施行は２年遅れた。同法は、個人情報の取扱い原則、本人情報の開示、訂正や利用の停止などを定める。

マネージャー）が要介護者の秘密に触れることが多いため、その秘密保持義務を課し、秘密を漏らした場合の罰則を科しています（介保第69条の37、第205条2項）。

一方、調査を受ける国民はそれに誠実に対応する必要があります。もし、質問を正当な理由なく拒否したり、または虚偽の回答などをすると、処罰されます（介保第208条）。

5．情報の開示義務と情報公開

ところで、介護保険制度においては、国民は、自らの選択によって、介護サービス事業者を決めなければなりません。となると、介護サービス事業者の情報はとても重要になります。

介護保険法は、介護サービス事業者は提供する介護サービス情報を都道府県知事に報告すること、逆に、都道府県知事は事業者を調査し、その結果を公表することを定めています（介保第115条の29第1項～3項）。その内容は、従事者数や運営の方針など細かな事項に及び、知事から指定された調査機関によって行われ、公表も指定情報公表センターが行っています（介保第115条の30、第115条の36）。

国民は、情報公開法[注15]または都道府県や市町村が定める情報公開条例を使って、情報の公開を求めることができます。ただし、個人情報や法人に不利益となる情報の公開などはできないという制約があります。

さらに、行政が保有する介護に関する個人情報を本人が知りたいときは、国が所有する情報であれば、行政個人情報保護法、都道府県や市町村が所有する情報であれば、各々が定める個人情報保護条例に基づいて開示を求めることができます。また、開示された個人情報に誤りがあれば、前記の法律や条例に基づいて訂正することもできます[注16]。

(注15)
いわゆる情報公開法は、2001年に施行された法律で国民の知る権利に対応するものである。行政文書の開示の要件や手続を規定し、行政の説明責任を明記したという特徴がある。

(注16)
東京高裁平成14年9月26日判決は、高齢者福祉サービスホームヘルパーの派遣について、市の所属のケースワーカーが作成した生活指導記録について本人が個人情報保護条例に基づいて開示を求め、市がこういう文書を公開するとトラブルが発生したり信頼関係を破壊する可能性があるとしてこれを拒否した事案について、ケースワーカーは専門的見地から適切な表現で所見を書くべきであるから、問題はないとして開示を認めている。

6．不正行為の是正

　不正に介護給付を受けた場合、市町村は、給付の前提である要介護認定などを取り消し（介保第31条）、不正に給付を受けたものに返還を命じることができます（介保第22条）(注17)。また、不正に指定居宅サービス事業者の指定などを受けた場合には、その指定は取り消されます。行政から不正に対する調査を求められた場合にも、申請人や事業者が求められた報告や帳簿を示さなければ、場合によって罰せられることがあります（介保第210条、第213条など）(注18)。また市町村によっては、不正行為に対して過料(注19)を科すことがあります（介保第214条）。

III　介護と財政

1．介護保険における行政の負担

　介護保険といっても、介護にかかる費用は被保険者つまり介護保険の掛け金だけで賄われているわけではありません。国は、介護給付に要する費用の20％を負担し（介保第121条）、調整交付金として介護給付の5％（介保第122条）と合わせた計25％を負担します。都道府県は、介護給付に要する費用の12.5％または17.5％を負担します（介保第123条）。そして、介護保険の保険者である市町村が費用の12.5％を負担します（介保第124条）。つまり、介護保険に掛かる費用の半分は、行政の予算で賄われているのです。また、国、都道府県や市町村は、介護予防事業についても費用を負担しています（介保第122条の2、第123条第3項、第4項、第124条第3項）。

2．国民の負担と保険料の徴収

　介護保険は被保険者から保険料を徴収します。65歳以上の第1号被保険者(注20)の保険料は、政令の定める基準と条例

(注17)
平成18年9月29日京都地裁判決は、市が指定居宅サービス事業者に法が要求するサービス提供責任者が欠けていたとして指定を取消し、さらにその事業者に支払った居宅介護サービス費の返還を求めた事案で、不正により支払を受けたとして、事業者に支払額などの支払を命じている。

(注18)
札幌地裁平成17年9月2日判決は、過剰な保険給付を受けていた指定介護老人施設の理事長から賄賂を受け、過剰請求分の返還額を半額にする便宜を図った支庁長に懲役2年の実刑を科している。

(注19)
過料は、死刑、懲役や罰金などの刑罰を科すほどでない軽い法違反に対して科せられるもので、非訟事件訴訟手続法第206条や地方自治法第149条3号により科せられる。

(注20)
被保険者は、第1号

の定めに従った保険料率により算定されます（介保第129条第1項、第2項）。第1号被保険者の保険料は、被保険者の資力により従来5段階に設定されていましたが、現在は7段階に設定することも可能になっています（介護保険法施行令第38条、第39条）。また、市町村の判断によって免除または軽減することができます（介保第142条）。

　第1号被保険者の場合は市町村が徴収します。ただし公的年金などの支払を受けている場合には、その支払者に保険料を納付させる特別徴収という方法で行われます。そうした支払を受けていない人は、納付通知書を交付して納めさせる普通徴収という方法で徴収します（介保第131条）。第2号被保険者[注20]の保険料は、医療保険の保険者が医療保険料とともに徴収し、それを社会保険料支払基金へ納入し、支払基金が介護給付交付金として市町村に交付する仕組みになっています（介保第125条、第150条）。

　介護保険給付にかかる費用は大きく、行政の予算を圧迫しています。一方で、被保険者が払う保険料もアップし、保険料負担を争う裁判も出ています[注21]。

3．保険料の滞納に対する措置

　保険料を滞納した場合、被保険者はさまざまな不利益を受けます。たとえば、保険給付の差し止めを受けたり、市町村が事業者に直接支払いをするというサービスを受けられなくなるなどです（介保第66条、第67条）。さらに、第1号被保険者または特別徴収義務者が保険料を長期に納めない場合は、滞納処分手続[注22]がなされる場合があります（介保第144条）。要するに、所有する財産を差し押さえて、保険料を徴収するのです。また、第2号被保険者の保険料を徴収する医療保険者が支払基金に所定の保険料を納めない場合にも、支払基金は同様に滞納処分手続をすることができます。しかし

被保険者と第2号被保険者に分かれ、第1号被保険者は当該市町村に住所を有する65歳以上の人で、第2号被保険者は当該市町村に住所を有する40歳以上65歳未満の人である（介保第9条）。

(注21)
旭川簡裁平成14年5月14日判決は、保険料の徴収を免れるため介護保険の被保険者証を返還したにも関わらず保険料が徴収されたことが争われた事案で、被保険者証を返還しても保険料の支払は拒否できないとする。また、最高裁平成18年3月28日第三小法廷判決は、第1号被保険者の保険料の5段階設定が争われたことについて、5段階設定は憲法第14条及び第25条に違反しないとする。

(注22)
滞納処分手続は、国税徴収法に基づいて進められる。

ながら、滞納処分の相手方にもともと徴収に充てる財産がない場合、または生活に必要な財産しかない場合には、滞納処分はできません。

Ⅳ 介護行政における救済

　行政が法律に違反して国民の権利利益を侵害することがあります。たとえば、担当職員が当該者かどうかの確認を怠って、違う申請者のデータに基づいて要介護認定を拒否したり、逆に資格がないのに要介護認定を行ったりする場合です。この場合には違法な行為によって被害にあった人の救済が問題となります。また、違法な行政を放置すること自体が問題であり、救済手段を使いその是正が求められます。

　救済の方法には、処分を行った行政機関やその関係部門に対して処分の修正を求める**苦情処理**、行政不服審査法に基づく**不服申立て**、裁判所に訴えを起こして**救済を求める**、という３つの方法があります。裁判所に訴える場合には、行政事件訴訟法に基づく**処分の取消し訴え**などと国家賠償法に基づく**損害賠償**を求める訴えの２つが区別されます。

　苦情処理や不服申立ては、行政機関に対して行う救済手続です。手続がそれほど難しくなくしかも無料なので、利用しやすい手続であるといえます。ただ、行政機関が相手ですから、自分のミスを認めない恐れがあり、公正さや公平さに欠ける場合があります。それに対して、裁判所に対する訴えは、裁判官という第三者でしかも法律の専門家に判断してもらうので、公正さや公平さは保障されます。しかし、その反面時間、費用の問題や弁護士を必要とするという問題があります。

１．苦情処理

　苦情処理は一番簡易で迅速な救済手段です。違法な処分を行った行政機関またはその関係部局に苦情を申し立て、その

訂正を求める方法です。たとえば、要介護認定に対する不満などを市町村に直接訴えるなどです。しかし、苦情処理制度は、制度として体系化されておらず、国、都道府県や市町村、またそれらの内部機関それぞれで手続や処理の内容が異なっているのが現状です。

法令または条例で、苦情処理の部局を決めている場合もあります。その代表的なものが**福祉オンブズマン制度**です。これは、自治体独自に条例を制定してオンブズマン(注23)を設け、そこに福祉に関する苦情を受け付けさせて、調査・処理させるものです。東京都の中野区福祉サービス苦情調整委員、板橋区保健福祉オンブズマンや大田区福祉オンブズマンが代表的なもので、こうした制度をおく特別区や市町村が増えています。また都道府県社会福祉協議会や国民健康保険団体連合会でも苦情を受け付けています。

(注23)
オンブズマンは、スカンジナビア諸国で発達した制度で、原語は代理人または代表者を意味するが、現在では、法律などで設置され、行政機関による人権侵害から国民を保護する独立性の高い機関である。

2．不服申立て

不服申立ては、違法または不当な処分を受けた者が、**行政不服審査法**が定める手続に従い、救済を求めて行政機関と争う手続です。行政不服審査法では、異議申立て、審査請求と再審査請求の3つがあります。

異議申立ては処分を行った機関に対して救済を申立てるもの、審査請求は処分を行った機関の上級の機関または別の機関に対して救済を申立てる手続で、さらに、**再審査請求**は、審査請求を行った後に行う手続です。前述のように行政行為・処分については、異議申立てか審査請求のどちらかの手続が保障されています。

介護保険法では、要介護認定または要介護状態の区分に対する市町村の決定に不服があるときに、都道府県に置かれた介護保険審査会に**審査請求**ができます（介保第183条）。たとえば、申請をしても要介護認定がなされなかったとき、介護

保険料の徴収についての市町村の決定に不服があるとき、保険料を払っていないという事実がないのに保険給付が差し止められたときなどです。

審査請求は、審査請求書という文書に、氏名、処分、審査請求の理由などを明記して行います。この請求は、処分のあったことを知った日から60日以内しかできません（介保第192条）。審査請求をした場合、書面審理主義が取られていることから、主張は文書で行いますが、**介護保険審査会**に対して口頭で意見を述べることもできます。逆に、審査会の方で当事者を呼んで審理することもあります。

指定居宅サービス事業者の指定の取消しなどについても不服申立てとくに異議申立てをすることが考えられますが、すでに不利益処分手続として聴聞などが行われていることから、手続の重複を避けるため行政手続法がこれらの処分について異議申立てをできないとしている（第27条第2項）ことから、実際はできません。不服申立てについては、処分を行う機関が不服申立ての方法やそれをできる期間やどこに対して行うのかを知らせる「教示制度」があるので、教示に従って手続を進めることができます。なお介護保険審査会は、被保険者を代表する委員3名、市町村を代表する委員3名と公益を代表する委員3名以上で構成され、会長も公益委員が務めている（介保第185条、第187条）ので、審査の公平さは担保されています。

3．裁判所への訴え

裁判所への訴えは、**行政事件訴訟法**(注24)が、処分取消しや義務付けの訴えを規定しています。市町村に要介護認定の申請をしたが、これが認められなかったような場合、その拒否処分を取り消す訴えも起こせますが、市町村に要介護認定をするよう求める義務付けの訴えの方が有効です。ただし、

(注24)
行政事件訴訟法が認める訴えは、①抗告訴訟（取消訴訟、無効等確認の訴え、不作為の違法確認の訴え、義務付けの訴え、差止めの訴え）②当事者訴訟（形式的当事者訴訟、実質的当事者訴訟）、③民衆訴訟、④機関訴訟の4つだが、通常は①の抗告訴訟とくに取消訴訟を使って救済を求める。

これらの訴えは、介護保険認定審査会に審査請求ができる処分については審査請求前置主義が適用されます（介保第196条）ので、審査請求を経た後にしか訴えを起こせません。これに対し、介護サービス事業者の指定が違法に取り消されたときは、その事業者は、都道府県知事に異議申立てをしなくても、裁判所に対して指定取消し処分の取消しの訴えを起こすことができます。ただし、どちらにしても処分を知った日から6カ月以内にしか訴えられないという制約があります。この制約は、取消しの訴えを同時に起こす必要がある義務付けの訴えにも適用されます(注25)。

　介護行政において、職員の違法な行為で損害を被った場合には、**国家賠償法**に基づく**損害賠償**の訴えを起こすこともできます。たとえば、要介護認定の申請に際して行われる調査で、認定調査員が違法な調査を行い、申請をした被保険者に対して損害を与えた場合などです。損害賠償の訴えは、職員が市町村の職員であれば市町村に、都道府県の職員であれば都道府県に対して起こすことができます。最高裁平成19年1月25日判決は、県から入所措置を受けた児童が委託をうけた児童福祉施設に入所し他の入所児童に集団暴行を受け、職員の監督責任を追求し、県に国家賠償請求を起した事案で、その地方公共団体の責任を認めています。これは、措置と委託をした場合の自治体の責任を認めるものといえます。特異な例ですが、津地裁平成14年7月4日判決は、介護保険制度導入に際し町民のベッドを長期確保するために、特別養護老人ホームに補助金を支払ったことについて、町に損害を与えたとして町長に損害賠償を求める住民訴訟が提起された事案で、この支出は違法であるとして請求を認めています。これは、指定老人介護福祉施設が平等に周辺住民に利用させるという厚生省令の規定があり、補助金で特別枠を設けることはこれに違反するとして、町長の責任を認めたものである。

(注25)
高松高裁平成16年6月24日判決は、介護タクシーサービスを往路・復路についてそれぞれ「身体介護1」とされていたのに市の指導により往路・復路一体として「身体介護2」に変えられたことについて当初の解釈が正しいということで残金の確認訴訟が起こされた事案で、当事者が締結した契約内容から「身体介護2」が正しいとしている。

以上、行政法・行政法学の立場から、介護保険制度をみてきました。行政はさまざまなかたちで、介護保険に関与していることが分かりました。そして、行政には、高齢者に配慮した、適法な介護行政が求められているといえます。しかし、それが守られないときには、救済制度を使って是正する方法があることは忘れてはいけません。

さらに勉強したいひとのために
加藤智章他『社会保障法　第3版』有斐閣，2007年.
宇山勝義『社会福祉の法と行政　第4版』光生館，2006年.
小林弘人「介護保険の行政法的検討」『財政法叢書21』龍星出版，2005.

第7章

契約の考え方
―民法学の視点から―

熊田 均

I 契約とは何か

1．介護サービスにおける契約

　介護サービスを提供する側（事業者）は、「介護サービス」を提供するにあたって、利用者との間でいろいろな「決め事」をする必要があります。その決め事の内容は、提供する側と利用する側との合意によって決まることになります。その合意内容が契約内容です。契約が定まると、事業者はその内容に従い、福祉サービスを提供し、また利用者もその内容に従い福祉サービスを利用することになります。

　介護サービスにおいてこのように「契約」が強く意識されるようになったのは、2000（平成12）年4月に高齢者について**介護保険法**(注1)が施行されたことがきっかけです。

　これ以前は、高齢者の介護サービスは、行政がその「判断と基準」に基づき、「あなたは、○○のサービスを△△のところで受けなさい」と決定していました。ところが、1997（平成9）年11月以降、国に対して順次提言された「社会福祉基礎構造改革」の流れ、その一環としての介護保険法の施行は、これを大きく変更させるものでした。障がい者の福祉サービスについても支援費制度を経て2006（平成18）年4月の**障害者自立支援法**の施行により、事業者と利用者の契約によって決められるようになりました。

(注1)
介護保険法
平成12年4月1日施行

2．契約の意義

契約は、「法的な拘束力をもった約束」です。この契約に反する行為があると、違反者は裁判所などの手続きを経て、損害賠償などの責任を負わされることになります。

したがって、どのような内容の契約を締結するか、契約がきちんと守られているかなどは、事業者にも利用者にとってもたいへん重要なことです。

II　高齢者や障がい者と「契約」

1．契約自由の原則

契約が結ばれるにあたっては、「**契約自由の原則**」という法律上の決め事があります。高齢者の介護サービスを念頭におきますと、「介護サービスを提供する側」と「介護を受ける高齢者の側」とが、互いに「自由な意思」の下で話し合い、ある内容で合意する場合に限り、契約が成立することになるというものです。自由な意思の下での合意ができなければ、契約は成立しません。介護サービスを提供する側と介護を受ける側との間には、両方ともに契約を締結する自由もあれば、契約を締結しない自由もあります。

2．契約自由の原則の修正──介護サービス提供契約

しかしながら、高齢者や障がい者が契約の一方の当事者として関与する場合には、そのまま「契約自由の原則」を適用していく訳にはいかないのが現実です。

以下、介護事業者と介護利用者の間で結ばれる「介護サービス提供契約」を念頭に説明をします。

第1の特徴は、契約者の一方が高齢者や障がい者の場合には、契約内容を理解することが困難な人が相当数いるということです。「契約自由の原則」が成り立つのは、高齢者や障がい者が自ら「適切に判断し選択する」場合であり、能力的

に見てその判断・選択が困難であるとすればそもそも「契約を締結すること」はできないことになります。「判断能力が不十分な場合」には「自分で自分のことが決められない」のですから、ここに契約の成立を認めることはできません。その場合には、本人以外の人が本人のためにその契約を締結することが必要になります。これに対応する制度が**成年後見制度**です。成年後見制度については、項を改めて述べます。

第2の特徴は、介護サービスを提供する事業者と利用者が必ずしも対等な関係とはいえない契約であることです。「契約」は本来、契約を結ぼうとする両者が対等な力で交渉をなし、そのなかで契約内容が定まっていくものです。しかしながら、介護サービスを受ける側は身体的にも能力的にも（そして多くの場合に経済的にも）いわゆる「弱者」である場合が多いのが現状です。このような契約においては、契約内容自体を法律で規制し、先に述べた「契約自由の原則」を修正して、弱者側に一定の保護を加えることになります。たとえば、高齢者の介護サービス契約は、契約内容を自由に定めるのではなく、介護保険法やそれに関わるいろいろな政令などで契約内容が規制されています（借地借家契約も同様）(注2)。

また、介護サービスの利用者は、「介護サービスを購入し消費している立場」ですから、いわゆる消費者にあたります。消費者に関しては、事業者と消費者の間には「商品やサービス」についての情報量などに大きな格差があることから、消費者保護のために規制をしています。この法律が**消費者契約法**です。高齢者や障がい者が消費者の立場で関わる種々の問題についても項を改めて述べます。

第3の特徴は、継続的な契約を前提としているということです。介護サービス契約は、通常、介護に関して日々繰り返して多数回のサービスを行うことを前提にしています。たとえばコンビニでジュースを買うような場合は、一回限りの契

(注2)
(例) 借地借家契約―賃借人の立場が弱いことに鑑みて契約自由の原則を修正（賃貸人が契約の更新を拒絶する場合には正当事由が必要など）している。

約と言うことができますが、会社に勤めるというような労働契約は日々繰り返し継続して行われることになります。介護サービス契約は後者に近いものです。このような契約の場合には、契約当事者の互いの意思として「契約が続けられる」ことを前提に考えてられていることが通常です。このことを介護サービスにあてはめると、介護サービス利用者はその日常生活の維持をサービスの提供に依存する立場にあるともいえます。したがって、利用者側に小さな義務違反があっても、事業者側からは容易に解除することができない、できるだけ契約を維持する方向で判断されるべきことが求められている契約なのです。

3．修正の意味

　以上のように、介護サービスの提供について契約が成立したとしても、事業者と利用者の立場を踏まえて「契約両当事者がどのような内容であっても自由に合意できる」あるいは「どのような場面でも自由に解約できる」というものではないことを念頭におく必要があります。

Ⅲ　「契約」によって行われる介護サービス契約の具体的場面

1．契約の各場面

　「契約」に従って介護サービスが提供される場合、「契約が締結される場面」、「契約が履行される場面」、「契約が終了する場面」の各場面において、どのような法律的な問題が生じるのかについて次に考えます。以下、「ある一人住まいの高齢者の家にホームヘルパーが派遣され、家事介護援助をするという場面」を念頭に、具体的に話を進めて行きます。

２．その１―ホームヘルパー契約が締結されるまでの場面

　ある高齢者が自宅で日常の生活を進めるなかで、ホームヘルパーの利用が必要となることがあります。この利用のためには、通常、介護保険法上の**要介護度の認定**を受け、介護サービスを利用することになります。

　①最初に契約問題が生ずるのは、「利用者」と「居宅介護支援事業者（**ケアマネージャー**）」との契約です。介護保険法上は、各種の介護サービスを利用するにあたっては、いわゆる「**ケアプラン**」を作成する（法的にはこれを**居宅介護支援契約**といいます）ことが必要となります。ケアプランは、認定を受けた高齢者と事業者との間で「居宅生活を継続していくために、どのような介護サービス契約が必要であるのかを合意によって作成され」ます。そしてその「ケアプラン」が結ばれた後に、高齢者と「ホームヘルプを提供する業者」との間で「どのような時間帯において、どのような介護サービスを、いくらの自己負担額で」などを内容とする「**訪問介護提供契約**」が締結されることになります。このように、介護保険法上でホームヘルプを利用する場合、２つの契約が存在することになります。

　②「契約」の締結にあたっては、先に述べた通り「**契約自由の原則**」があります。しかしながら、介護保険法の施行令は、「事業者は正当な理由がない限りサービスの提供を阻んではならない」と定めています。また、契約の締結の際には、契約内容の重要な事項については文書で説明するように義務づけています。

　また、費用なども、介護保険法関連の各法令により単価が定められているため、自由に設定することはできません。この意味で契約内容が規制されているといえます。

　なお、一般に「契約」は口頭の合意で成立することが原則です。コンビニでジュースを買うときにもそのジュースにつ

いて「売買契約」が成立しているのですが、とくに契約書を作成しません。すべての契約に「契約書」を作成することは現実的ではありません。介護保険法の諸法令も「介護サービス契約の成立」にあたって必ずしも「文書による契約書の作成」までは要求していません。しかしながら、「介護契約」のように内容が多義にわたる場合には、口頭による契約ではどうしても契約内容が不明確になりがちです。したがって、介護サービス契約においては文書による契約締結が望ましいと思われます（モデル契約書の存在）(注3)。

　また、契約の締結にあたって、利用者に連帯保証人が求められることがあります。連帯保証人として契約した人は、利用者が利用料を支払わないなどの事情が生じた場合は、利用者本人に代わって支払いを求められる場合があります。

3．その2—ホームヘルパー契約が履行される場面

　契約が締結されると、事業者は契約内容に従って介護サービスを提供し、利用者は契約内容に従って介護サービスを受けることになります。

　事業者が契約内容に従った介護サービスを提供しない場合には、利用者側は、契約に従ったサービスの提供を要求できます。たとえば、介護サービスが時間通りに提供されなかった、あるいは内容が異なっていた場合には、改善を要求できます（苦情解決制度・第三者委員）(注4)。

　また、不適切な介護サービスが原因となって介護事故が生じた場合には、賠償責任を追求できます。他方、利用者側が約束を守らない場合（たとえば利用に際しての自己負担金を支払わない）には、その履行を求めることができます。

　このような賠償請求や利用料請求をするには、①話し合い・交渉によって行う方法、②調停（裁判所で第三者を入れた話し合い）で行う方法、③裁判（裁判所で強制力のある判

(注3)
モデル契約書としては、全国社会福祉協議会が発表したもの、名古屋弁護士会（当時）・名古屋市の共同作成によるもの、日本弁護士連合会が発表したものなどがある。

(注4)
社会福祉法上、①事業者が自ら構築する苦情解決体制（苦情受付担当者・第三者委員の選任）、②苦情解決にあたる運営適正化委員会が都道府県社会福祉協議会に設置されることになっている。

4．その3―ホームヘルパー契約が終了する場面

　契約当事者の一方が契約を守らない場合には、他方はその契約を守るように催告でき、それでも改善されない場合には契約を解除できます。契約が解除されると契約関係が終了します。ただこの場合でも、利用者が生活していく上で介護サービスが不可欠な場合には、安易に解除を認めることは高齢利用者の生活継続を困難にしますので、解除できる場面は本当にやむを得ない場面に限定すべきであり、仮に解除を認めても他社へのサービスの引き継ぎを行うなど一定の配慮が求められます。

　また、利用者が契約途中で死亡した場合には、契約は当然終了します。この場合、利用料の未払いがあったとすると、相続人が相続放棄などをしない限り、相続人に対して未払い利用料を請求することができます（表1参照）。

表1　相続人と相続分

順位	相続人	相続分
第1順位	子（代襲相続人＝孫・曾孫を含む）	1／2
	配偶者	1／2
第2順位	直系尊属	1／3
	配偶者	2／3
第3順位	兄弟姉妹（代襲相続人＝おい・めいを含む）	1／4
	配偶者	3／4
配偶者のみ		1

Ⅳ　「自己決定と権利擁護」について

1．自己決定と権利擁護のバランス

　高齢者や障がい者が一方当事者となる契約は、自分で決め

た「約束ごとを守る」という立場と、「十分な判断能力を有しない」、「事業者と対等とはいえない」という立場とをどのように織り込んで考えていくかが問題となります。言い換えれば、利用者の「自己決定」を尊重しつつも利用者の「権利擁護」の関係をどうバランスをとっていくかの問題です。

2．放置と介入

「**自己決定**」というのは、基本的には、契約内容を自分で決め自分で守ることです。しかし、高齢者や障がい者の場合、自己決定がなかなかうまくできない場面が生じ、他人が関わることで、彼らの権利を守るという「**権利擁護**」の必要な場面が出てきます。時間軸で考えてみると、高齢者であっても元気な間というのは、自分で何ごとも決めたいと思います。他人がその判断が間違っていると考えたとしても、自己決定が優先されます。その後、年を取り自分で判断することが困難になってくると、権利擁護のために他人の援助行為が必要になってくるようになります。そして、自分が判断できない状況になれば、本人の自己決定に反しても（それは本当の自己決定ではないのかもしれませんが）、本人の利益のために他人が関与することが望ましい場面になってくるということになります。

ただ、不適切な「自己決定」の名の下での放置は「権利侵害」を発生させ、不適切な「権利擁護」の名の下での介入は「自己決定」を阻害させてしまいます。この見極めは非常に難しいものです。

V 「自己決定」と「権利擁護」の交錯

1．尊重されるべき自己決定と権利擁護されるべき自己決定

高齢者・障がい者がいろいろな契約に遭遇する場面が増えてきました。介護サービス契約を締結する場面はもちろんで

すが、それ以外にも介護に関連する器具を購入する契約締結をする、自宅をバリアフリーに改造するための改築契約締結する等々です。このなかでリフォーム被害などの住宅に関する消費者被害が目立っています。この被害がなぜ目立つのかについて考えてみます。高齢者に対するあるアンケート調査によれば、「今後どこで暮らしたいか」との質問に対して「現在の住居にそのまま住みたい」という回答が非常に多いと報告されています。このような「住み慣れた場所に住みたい。その住居が地震で危ないと言われたら直したい」という高齢者の心理が悪徳リフォーム被害を増大させる契機になっているといわれています。「今の自宅に住みたいという自己決定」が被害の発生に関係しているともいえます。

　一般的に高齢者が家を改造したいと思ったとき、それが自分の判断に基づくものであるとすれば、本人の意思が尊重されるべきです。「こんな古い家にこれだけの費用をかけて改造するのは無駄なのでは？」と思っても、本人の「生きてきた証として強い思いのあるこの古家を何とか直して暮らしたい」との意向は尊重されるべきです。周りの親族がこの高齢者の意思を無視して、無駄だからとか、もったいないとか、こんな工事をしてお金を使ったら、私たちが将来相続する財産が減ってしまう、などと考えることは基本的には許されないことです。問題なのは、原価に比べて異常に高い価格でのリフォームだったり、あるいは耐震上は効果がまったくないリフォームだったりすることです。このような場面においては「権利擁護」の観点からその契約を是正する必要が生じます。

2．介護サービスの場合

　介護サービス契約についても同じことがいえます。高齢者や障がい者が「居宅生活」を続けるのか「施設入所生活」に

変更するのかは、基本的には本人の意思によって決定されることです。「居宅生活」を維持するために、介護保険の限度を超えた24時間ホームヘルパー対応が必要となり、それを内容とする介護サービス契約が締結されても、その契約は「**自己決定**」に基づくものです。しかしながら、明らかに過剰で不必要な契約である場合には、「権利擁護」の観点からの是正が必要となることにも留意すべきです。

3．消費者被害の契約事例

以下、消費者被害の契約事例の各場面とその救済方法について考えてみます。

①契約締結能力が問題となる場面

認知症高齢者が不必要な家の改築契約を締結した場合を考えます。契約が成立するためには、申込みと承諾という形での合意が必要です。しかしながら、認知症高齢者は自分で判断することはできません。したがって、仮に署名や捺印がしてあっても契約としては効力がありません。

ただ、多くの場合、発覚するのは契約後ですので、契約当時の判断能力を証明しづらいのが現実です。高齢者の方は、現在が認知症であるような場合、契約時にどういうやりとりがあったかというのは自分で証言はできませんし、医学的にみても、「認知症とは生後発達したその人の知的水準からの著しい低下により劇変した精神状態」といわれており、たとえば今から２年前の本人の認知症状況を説明してくださいといっても、劇的変化がいつ起こったのかは立証できないといわれています。

②詐欺などが問題となる場面

次に詐欺・錯誤等が問題となる場面を考えます。**詐欺**とは、最初から騙す意図を持って相手方の判断を誤らせて、そして契約を締結させることです。**錯誤**とは前提事実を本人に十分

説明せずに、いろいろな判断をさせることです。法律上は詐欺や錯誤があれば、契約は取り消したり無効にしたりすることができます。効果のないリフォーム契約のような場合、業者側の詐欺行為や、高齢者等に錯誤があることがしばしばあると思われます。本人の判断能力が不十分であったり、加齢などの理由により理解力とか記憶力がかなり減退していますので、当時の状況を再現し、証明することはかなり難しいのが現実です。

③救済方法

　以上のように高齢者・障がい者が自分で当時の状況を証明するのが困難であっても、周りの人が証明できる場合があります。たとえば、居宅において介護サービスに従事していた人は、その本人の状況を知る立場にあります。○年△月頃は本人の意識レベルがこのような状態であったとか、このような少し不穏当な行動があったなどが証明できれば、本人の消費契約当時の状況を証明できます。同様にこの当時、「○○がこのような遅い時間に頻繁に訪れていた、○○が帰らずに本人が困っていた」などを証明できれば、詐欺などの被害に対応できることとなります。

4．消費者契約法

　消費者を保護するために**消費者契約法**という法律があります。消費者契約法は、消費者と事業者との情報格差および交渉力が大きく異なることを踏まえ、

　①事業者の一定の行為により消費者が誤認し、又は困惑した場合について契約の申込み又はその承諾の意思表示を取り消すことができること、

　②事業者の損害賠償の責任を免除する条項その他の消費者の利益を不当に害することとなる条項の全部又は一部を無効にすることによって消費者の利益を擁護すること、

を目的とする（同法第1条）ものです。

5．割賦販売法・特定取引に関する法律

割賦販売等で契約を締結しても、一定の条件の下で、契約の撤回又は契約の解除を行うことができます。この場合において割賦販売業者は、当該申込みの撤回等に伴う損害賠償又は違約金の支払を請求することができないものとされています。ただし、①申込者が契約の書面を受領した日から8日を経過したとき（いわゆるクーリングオフ）、②申込者などが賦払金の全部の支払いの義務を履行したとき、③申込者などが商品を使用し又はその全部もしくは一部を消費したときなどには、契約の撤回又は解除を行うことはできないとされています。

Ⅵ 「自己決定」と「権利擁護」—成年後見制度を中心に

1．成年後見制度とは

契約の場面で、本人の判断能力が不十分な時には「他人が代わって契約を締結する必要がある」と述べました。法は、このような場合には「本人のために他人が意思決定を援助したり、本人に代わって他人が意思決定をする」制度を用意しています。それが「**成年後見制度**」という制度です。

①心身に障害のある高齢者や障がい者が現代の社会において普通の生活を営んでいくためには、他人の援助を必要とする場面があります。この援助を提供するための制度を一般に成年後見制度といいます。2000（平成12）年4月に100年ぶりに改正のうえ施行されて新しい制度になりました。

②成年後見制度には大きく分けて法定後見制度と任意後見制度の2つがあります。また、**法定後見制度**は「後見」、「保佐」、「補助」の3つに分かれており、判断能力の程度など本

図1　法定後見の開始までの手続の流れの概略

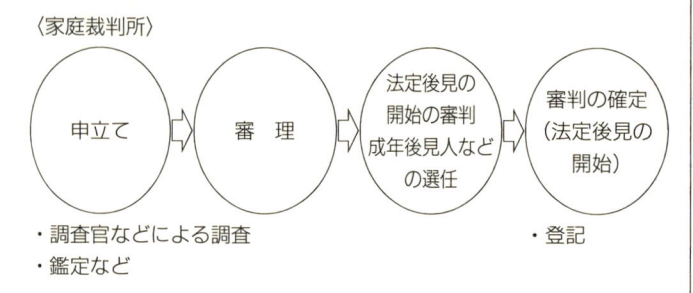

〈家庭裁判所〉

申立て ⇒ 審理 ⇒ 法定後見の開始の審判　成年後見人などの選任 ⇒ 審判の確定（法定後見の開始）

・調査官などによる調査　　　　　　　　　　・登記
・鑑定など

人の事情に応じて制度を選べるようになっています。法定後見制度においては家庭裁判所によって選ばれた**成年後見人・保佐人・補助人**が本人の利益を考えながら本人を代理して契約などの法律行為をしたり、本人が自分で法律行為をするときに同意を与えたり、本人が同意を得ないで不利益な法律行為を行った場合に後から取り消したりすることによって本人を保護・支援します（図1）。

　任意後見制度とは、本人に十分な判断能力があるうちに、将来、判断能力が不十分な状態になった場合に備えて、本人が選んだ代理人（任意後見人）に、自分の生活、療養監護や財産管理に関する事務について代理権を与える契約（任意後見契約）を公正証書で結ぶというものです。この制度は、自分が元気な間に「将来自分に判断能力がなくなった」場合に備えて、事前に準備をするシステムです。

　③現在の成年後見制度は、改正前の制度に比べて次のような特徴があります。
・従来の禁治産宣言・準禁治産宣言に相当する成年後見開始審判・保佐開始審判の内容をそれぞれ柔軟化・弾力化させました。それに加えて、原則として精神鑑定を要しない補助開始審判という新しい類型を創設したことです。
・配偶者の法定後見人制度（配偶者が死亡した場合は、他方

表2 法定成年後見制度の概要

	後　　見	保　　佐	補　　助
対象となる方	判断能力が欠けているのが通常の状態の方	判断能力が著しく不十分な方	判断能力が不十分な方
申立てをすることができる人	本人、配偶者、四親等内の親族、検察官など。市町村長		
成年後見人等（成年後見人・保佐人・補助人）の同意が必要な行為	—	民法13条1項所定の行為	申立ての範囲内で家庭裁判所が審判で定める「特定の法律行為」（民法13条1項所定の行為の一部）
取消しが必要な行為	日常生活に関する行為以外の行為	同上	同上
成年後見人等に与えられる代理権の範囲	財産に関するすべての法律行為	申立ての範囲内で家庭裁判所が審判で定める「特定の法律行為」	同左

（法務省民事局発行のパンフレットより）

配偶者が高齢であろうがなかろうが必ず後見人になるというもの）を廃止し、複数後見人・法人後見人などを明文化して、支援方法のメニューを多様化したことです。現状でも法人が後見人などに選任される事例が徐々に拡大しています。
・戸籍への記載を廃止して、原則非公開の新しい登記制度を創設しました。
・身寄りのない高齢者など、支援が必要であるにもかかわらず申立人を確保できない場合のために、関係福祉法の整備によって、「福祉を図るため特に必要があると認められるとき」

に市区町村長に申立権を付与しました。
・判断能力が低下した場合に、任意後見監督人を選任することによって公的な監督をともなう任意後見制度を創設しました。

2．後見制度をめぐる問題

　後見制度をめぐっては現在いろいろな議論があります。
　「自己決定を阻害する」、「権利制限(注5)を伴うものである」という意見がある一方で「高齢者や障がい者の権利擁護のためには積極的に利用すべきである」との意見もあるのです。いずれも正しい面があります。成年後見制度が「自己決定」と「権利擁護」の交錯する制度であることを念頭において利用する必要があります。

Ⅶ　契約とどう向き合うか

　介護サービスに従事する人びとは、契約内容を理解して働くことが必要です。介護サービス契約に定められた内容を「提供」することが契約内容を守ったことになるからです。ただ、契約書の文言から直ちに何が「適切な介護サービス」なのかを導き出すことは難しいといえます。そうであるとすれば、介護に従事する人びとは、日々「介護に関する知識」、「介護に関する技術」などの研鑽に努めるなかで、「適切な介護」とは何かを模索し、決定していかなければならないのです。

さらに勉強したいひとのために
平田厚『Q＆A苦情・トラブル・事故の法律相談』清文社，2007年．
額田洋一・秦悟志編『Q＆A成年後見制度解説（第2版）』三省堂，2003年．

(注5)
権利制限
後見宣告を受けると、選挙権がなくなるなどの権利制限があります。

第8章

労働問題の考え方
― 労働法学の視点から ―

熊田　均

　ここでは、介護サービス事業で働く従事者の権利義務の問題について考えてみます。介護現場は、生活支援を必要とする人のために実感をもって働くことができる場面であり、やりがいのある魅力的な職場です。

　しかしながら一方で、国からの給付が不十分であり、また対象者の状況に応じて長時間労働を余儀なくされるなど、労働環境として困難な面がある職場であることも確かです。

　このような状況のなかで、介護現場で働く人が職場内でどのような権利義務関係にあるのかについて考えてみたいと思います。

Ⅰ　介護保険法の施行が介護現場に与えた影響

1．介護サービス従事者の増加

　介護保険法(注1)の施行は、介護サービス事業で働く人に大きな影響を与えました。これを利用しようとする高齢者の増大は、介護サービス提供量に飛躍的増加をもたらし、多くの事業者の参入をもたらしました。その結果、介護サービス事業にたくさんの人びとが従事するようになりました。障がい者の分野においても法制度が変更(注2)されるなか、各種の支援サービスを多数の障がい者が利用するようになり、この分野でも働く人が増えてきています。

（注1）
介護保険法
2000（平成12）年4月1日施行

（注2）
障害者自立支援法
2006（平成18）年4月1日施行

2．働く人の権利義務関係の現状

　民間事業者の参入は、「事業者」と「従事者」の関係を

「一般の人が関係する通常の雇用・請負関係」に変化させることになりました。しかしながら、介護保険法施行後においても、「**働く人の権利義務関係**」が明確になっていない場面が多く見受けられます。また、民間事業者の参入は、介護現場に「営利性」と「効率性」をもたらしました。こうしたなかで「介護現場で働く人の権利義務関係」はなかなか確立していないのが現状です。

介護現場では、「高齢により援助を必要とする人や障がいにより支援を必要とする人びと」に対して、さまざまなサービスを提供します。そのサービスは、利用者の状態などによっては程度の差はあるものの、基本的に生活に不可欠なものであることが多いといえます。そのため、これらの仕事に従事する人は、利用者の生活への影響を考え、「労働者としての自分の権利」を主張することに躊躇することがあるかと思います。しかしながら、このような重要な場面で働いているからこそ、「そこで働く人自身の身分の安定と良好な労働条件の確保」が必要になるのです。従事者が、不安定で劣悪な労働条件のなかで働くというような状況では、介護を求める人が適切な介護サービスを期待できないと考えることも必要なのです。しかしながら、2007（平成19）年8月に発表された財団法人介護労働安定センターの実態調査によれば、介護現場における過去1年間の**離職率**は20％を超え、とくに就業から1年未満の人の離職率は42％以上を占めています。働く人の権利義務が明確化されないなかでの安定しない就業状況がみられます。この解決を真剣に考えなければなりません。

Ⅱ 介護事業に従事する人びとの労働法上の地位について

1．労働契約、委任契約・請負契約

介護事業に従事する人の働き方はいろいろですが、「**労働**

契約」（労働者として雇用を提供し賃金をもらう形態）と「**準委任契約・請負契約**」(注3)（仕事を委託され、あるいはその仕事を完成することで報酬を受け取る場合）の2種類が多くみられます。この2つは、「労務の提供が事業者の指揮監督のもとになされている」（従属的労働関係）か「自分の責任で仕事をなし基本的に事業者の指揮監督を受けない」（独立的労働関係）かのいずれが中心かによって区別されます。

たとえばホームヘルプ業務の場合には、どこかの「事業所」に属して、管理者の指示のもとに、介護サービスを提供することがほとんどですから、従属的労働関係にあると考えられ、「労働者」として認定されます。

2．労働者の地位

労働者と認定されると、労働者に関わる法律、たとえば労働基準法、労働組合法、労災保険法などが適用されることになります。これらはいずれも「労働者の権利」を重視する法律です。労働者にも、正職員、パート職員という労働形態による違いがあります。また、職種も、介護職、医師、看護師、作業療法士、理学療法士など千差万別で、労働内容も異なります。しかしながら、労働形態や職種によって多少の違いは生ずるものの、基本的には、雇用されて働く人の「労働者」の地位は同じであり労働各法の適用があるものとして考えられます。

Ⅲ　介護現場で働くにあたって

1．労働条件を決めるもの

介護現場で働くに際しては、事業所（社会福祉法人や株式会社）が使用者となり、従事者が労働者として労働契約を締結します。

(注3)
準委任とは、「当事者の一方がある行為を相手方に委託し、相手方がこれを承諾すること」。
請負とは、「注文者の注文に従って請負人が自らの裁量と責任の下に仕事を完成すること」。
準委任・請負の場合には、「相手方は目的の範囲内において自由裁量をもってその業務を処理することができ、直接命令して業務に従事させることはできない」。

第8章　労働問題の考え方—労働法学の視点から—

労働契約は、本来、労働者と使用者が対等の立場で締結すべきものですが、経済的弱者である各労働者は労働各法によって保護され、「正当な条件」で雇用されることを保障されています。たとえば、労働基準法に反する1日の労働時間を8時間以上に定めるような労働条件や、就業規則(注4)などに反する労働条件は違法です。

したがって、労働基準法などや就業規則の内容は、働くに際して、十分に知っておくことが必要です。

2．働く時の条件について

働く人は、通常、募集に応じて使用者の選考を経て採用されますが、この際に使用者は労働条件を明示しなければなりません。従来、介護現場においてはこの明示が不徹底でした。

この条件提示は口頭であっても差し支えないとされていましたが、1999（平成11）年4月1日の法律改正（労働基準法第15条第1項）により、次の重要な5項目については、書面による明示が義務づけられました。

①労働契約の期間に関する事項
②就業の場所・従事する業務に関する事項
③労働時間に関する事項（始業・終業時刻、残業の有無、休憩時間、休日、休暇、交代制勤務の就業時転換）
④賃金に関する事項（賃金〈退職金、ボーナスなどを除く〉決定、計算・支払い方法、締め切り・支払い時期）
⑤退職に関する事項（退職金を除く）

なお、採用されて業務に従事する場合、自分がどのような「業務」をするのかについて関心をもつ必要があります。福祉の現場では、人件費削減等の一貫として「異なった職種」

(注4)
就業規則とは「労働者が遵守すべき規律・労働条件、使用者の権限・責任を統一的画一的に定めたもので労働者と使用者の双方を拘束するもの」、「常時10人以上の労働者を使用する使用者は就業規則を作成し行政官庁に届けなければならない」（労働基準法第89条以下）。
労働条件の優先順位は、
第一順位・法令（労働基準法等）
第二順位・就業規則
第三順位・労働契約
（労使間で合意された労働契約であっても就業規則に反すれば無効であるし、その就業規則が法令に違反していれば、その就業規則自体無効）
（なお、労働協約が存在する場合には注意。）

への配転がなされることがあります。たとえば介護福祉士の資格をもって就職する場合には、その専門性を生かしながら「介護職」として従事することが前提とされるべきです。しかし、営利企業である限り、配置転換も想定されることであり、労働契約を締結するにあたっては、異職種への配転、たとえば「介護専門職」でありながら、将来「営業職」への配転があり得るのかどうか、また、仮にあり得る場合には働く側の同意を得ることが前提なのかなどについて確認をしておく必要があります。

Ⅳ　介護現場で働くなかで

1．労使関係

　労働契約締結後は、事業所の一員となります。その結果、使用者と労働者の間にはおおむね図1のような「労使関係」が生ずることになります。

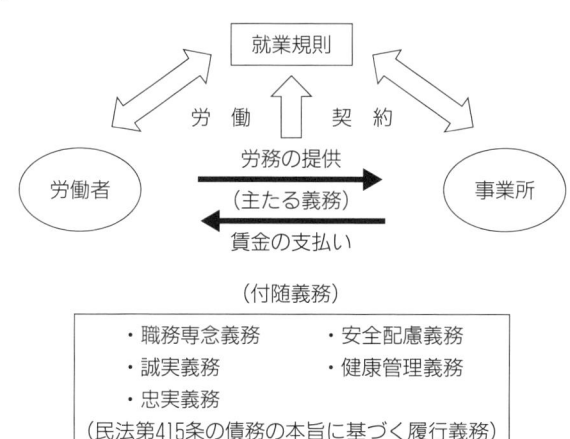

図1

```
                    ┌─────────┐
                    │ 就業規則 │
                    └─────────┘
                 ↕       ↑       ↕
              労　働　契　約
                    労務の提供
    ┌──────┐  ─────────────→  ┌──────┐
    │労働者│     (主たる義務)      │事業所│
    └──────┘  ←─────────────    └──────┘
                    賃金の支払い

                    (付随義務)
    ┌─────────────────────────────────┐
    │・職務専念義務　・安全配慮義務      │
    │・誠実義務　　　・健康管理義務      │
    │・忠実義務                          │
    │(民法第415条の債務の本旨に基づく履行義務)│
    └─────────────────────────────────┘
```

　つまり、労働者には労働を提供する義務、使用者には賃金を支払うという基本的な義務があり、それに加えていくつか

第**8**章　労働問題の考え方―労働法学の視点から―

の付随義務を負っています。以下ではホームヘルパー業務を念頭において、労働者の権利義務について説明しましょう。

２．労働者の義務について
2-1　職務専念義務

労働者は労働契約によって「**労働時間**」中はその職務に専念する義務を負います。労働時間とは「労働者が使用者に労務を提供しその指揮命令に現実に服している時間」です。つまり、労働時間内においては、労働者は種々の拘束を受けていることになります。

また、労務を提供し、実際に指揮命令に服していれば、現実に作業していない手待時間も労働時間になります。

では、ホームヘルパーが甲宅乙宅丙宅と移動して仕事をする場合、この移動時間は労働時間に当たるのでしょうか？また、移動中に各家庭での報告書を記入する時間は労働時間に含まれるのでしょうか？

この点については次のような2002（平成14）年４月５日の厚生労働省通知があります。

ホームヘルパーの労働時間には、以下の時間が含まれます。雇用保険の適用にかかる所定労働時間の算定に当たっては、この点についてご留意下さい。

（１）移動時間

移動時間については、介護サービスの利用者宅間の移動を使用者が命じ、当該時間の自由利用が労働者に保障されていないと認められる場合には、労働時間に該当します。（中略）

（２）業務報告書の作成時間

業務報告書を作成する時間については、業務上義務づけられている場合には、労働時間に該当します。（以下

略）

労働時間の把握は労働者にとってもっとも基本的なことです。労働時間以外が労働者にとって「自由な時間」であり、身体を休めたり、余暇を楽しんだり、自分をレベルアップするための貴重な時間であるからです。

一方で、「労働時間」中では「その職務についての**職務専念義務**」を負っています。勤務時間中の職員間の「私的メール」について考えてみます。「私的メール」は、送信者が文書を作成し送信することで、送信者がその間職務専念義務に違反している状態になります。さらに受信者にそのメールを読ませることで、受信者に職務専念義務に違反させることになります。加えて、受信者に返信を求める内容の場合には、その文書を作成させることで、さらに、受信者を職務専念義務に違反させることになります(注5)。「メール」が普及している世の中ですが、私的なメールはたとえわずかな時間であっても厳に慎むべきです。

2-2　誠実義務—守秘義務について

介護に従事する人は、その事業所内で事業に関するいろいろな情報（営業上の情報、財務上の情報等）を見聞きする機会があります。さらに、ホームヘルパーの場合、利用者の家庭に入って介護サービスを提供することから、利用者や家族の個人情報に接する機会も多くなります。

介護に携わる人は、他職種の人びとと情報を交換したり、助言を求めたりする機会が多いと思いますが、自分の扱っている情報が「守秘義務に属する可能性のある情報」であることに注意した上で行う必要があります。これを怠り情報を漏らした場合には、**守秘義務違反**で**損害賠償責任**を負うことがあります(注6)。

(注5) 平成14年2月26日東京地裁判決は、「自分が職務専念義務などに違反するだけではなく、受信者に返事の文書を考え作成し送信させることにより、受信者にその間職務専念義務に違反し、私用で会社の施設を使用させるという企業秩序違反行為を行わせるものである」とし懲戒処分該当行為と判示している。

(注6) 守秘義務の例外—介護職が法令違反行為を発見した時、高齢者虐待を発見した時などは、守秘義務が解除され、他機関への通報が認められる場合がある（公益通報保護法・高齢者虐待防止法などを参照）。

2-3 忠実義務──兼業の禁止について

　労働者は、契約の締結によって1日のうち一定の時間の労働を提供する義務を負担していますが、それ以外の時間は原則自由に利用することができます。したがって、労働時間以外に別の仕事をしても、それは基本的には許されるものだと解されます。現実にホームヘルパーのなかには、労働対価が十分でないことから、労働時間外での仕事に従事し生活を支えている人も散見されます。もともとは労働条件が高くないことに原因があるともいえますので、この点こそまず解決されなければならないのですが、労働契約や就業規則で、兼業を許可制にし、これに反した場合には解雇すると定めている場合も多く、使用者と労働者間に法的問題が発生することになります。裁判例では、おおむね次の3点を中心に兼業が許されるどうかを判断しています。第1は、時間外や休日に労働することで「精神的肉体的疲労の回復を妨げ労務提供の基礎的条件」に阻害を来しているかどうかです。夜遅くまで兼業をしていれば翌日の介護業務に差し支えることがあるからです。第2は、兼業が事業所の経営秩序・対外的信用を妨げているかどうかです。違法な職種で兼業することが、本業の事業所の対外的信用を妨げることがあるからです。第3は、同業他社、いわば競業会社での兼業であるかどうかです。本業の事業者の営業上・財務上の秘密がその競争会社に漏れる可能性があるからです。これら3つの点のいずれかに反した兼業である場合には、原則としては兼業を行うことは許されないと考えられています。

3．労働者の権利について

3-1　賃金について

　労働者は労務を提供することによって事業者から「**賃金**」を得ます。賃金とは「賃金・給料・手当」などの名称にかか

わらず労働の対価として使用者が労働に支払うすべてのものをいいます。賃金は労働契約によって定まっているものですから、使用者の都合によって一方的に減額したりすることは許されません。

しかしながら、介護現場では、介護報酬単価の切り下げ等による経営悪化を理由として「賃金の切り下げ」が提案されることがあります。このような問題は介護現場に限らず「経営が順調でない各種の業種」ではしばしば生ずる問題です。これらについては多くの裁判例もあります。裁判例（最裁平成9年2月28日）は次のようにいいます。

「労働契約において賃金はもっとも重要な労働条件である。これを従業員の同意を得ることなく一方的に不利益に変更することはできない」。そしてこれを就業規則の変更によって行う場合においても「就業規則の作成または変更によって労働者の既得の権利を奪い、労働者に不利益な労働条件を一方的に課することは原則として許されず、当該作成・変更に合理的な理由(注7)が必要である。特に賃金・退職金など労働者にとって重要な権利、労働条件に関し実質的な不利益を及ぼす場合には、当該条項がそのような不利益を労働者に法的に受忍させることを許容することができるだけの高度の必要性がいる」。

以上のように「賃金をはじめとする労働条件の切り下げ」は合理的な理由なく行うことはできないのです。

(注7)
合理的理由の判断要素
①就業規則の変更によって労働者が被る不利益の程度
②使用者側の変更の必要性の内容・程度
③変更後の就業規則の内容自体の相当性
④代償措置その他関連する他の労働条件の改善状況
など。

3-2　時間外労働・休日労働について

介護現場では、通常必ずしも十分な人員で運営されていないため、人員のやりくりや高齢者・障がい者の急な身体状況の変化などのために残業が求められることがあると思います。

しかし、労働時間は法律や契約によって定められています。労働時間を超えた残業や休日労働は強制されることがないの

が原則です。そして、災害時の特別の事情がある場合や労使協定が締結された場合などに例外的に「使用者は労働者に対して労働時間を延長したり休日労働をさせることができる」とされています（労働基準法第33条・第36条）。

　もとより、労働者が自由な意思により残業や休日労働に従事することは構いませんが、「義務」ではないことを覚えておいてください。そして、残業や休日労働をした場合には、通常の賃金より割り増しをした残業割増賃金、休日労働割増賃金を請求することができます。

3-3　年休について

　労働者が一定の労働の後に休養をとることは、心身の疲労を回復させますし、さらに自由な休暇を保障することで本人の生活を高めるためには必要なことです。**労働基準法**はこのため、使用者に対して**年休付与義務**を課しています。年休は労働者の権利であり、どのように利用するかは労働者の自由です。年休は、「6カ月以上継続勤務し」、「その間8割以上出勤した」労働者に与えられます。また、与えられる日数は、週5日以上または週30時間以上働く通常の労働者とそれ以外のパート労働者により異なります。その概要は表1の通りです。

　「パート労働者」であるから「年休はない」との誤った取り扱いがなされることもありますが、パート労働者であっても6カ月以上継続して働いていれば年休は発生します。

　年休の取得は、原則として、労働者が休暇を取りたい日を指定して使用者に届ければよいものとされています。しかし、介護業務に従事する労働者全員が一斉に年休を取ったのでは介護現場は成り立ちません。そこで労働基準法第39条第4項では「事業の正常な運営を妨げる場合」には、使用者に他の時季に振り替えて与えることができる権利（時季変更権とい

表1　年休の日数

所定労働日数が週5日以上または1年間217日以上の職員							
勤続年数	0.5年	1.5年	2.5年	3.5年	4.5年	5.5年	6.5年以上
年休日数	10日	11日	12日	14日	16日	18日	20日

パートタイマーなど所定労働日数が週4日以下または1年間217日以下の職員							
週所定労働日数	1年間の所定労働日数	勤続年数					
		6カ月	1年6カ月	2年6カ月	3年6カ月	4年6カ月	5年6カ月	6年6カ月
4日	169日〜216日	7日	8日	9日	10日	12日	13日	15日
3日	121日〜168日	5日	6日	6日	7日	9日	10日	11日
2日	73日〜120日	3日	4日	4日	5日	6日	6日	7日
1日	48日〜72日	1日	2日	2日	2日	3日	3日	3日

います）を定めています。ただし、年休が権利であることを踏まえれば、単に、「人員が不足しているから」などとの理由で変更を求めることはできないとされています。年休は「労働者の権利」ですから、「使用者の承認」まではいらないとされています。しかしながら、使用者に「承認」を得ることで「使用者の時季変更権」はなくなる訳ですから、できるだけ承認を得ておく方がよいと考えます。

3-4　女性労働者の保護について

　介護労働の現場は女性労働者によって担われており、各種の統計によればその割合は80％を超えているといわれています。

　1999（平成11）年4月1日の**労働基準法**の改正により、女性の「時間外・休日労働・深夜業に関する規制」が撤廃され

男性と同じ扱いになりました(注8)。他方で同法や男女雇用機会均等法等により女性労働者の母性保護・育児援助等の各種の勤務上の措置が定められています。その主な内容は表2の通りです。

表2 女性保護・育児援助に関する法律

時期	妊娠から育児までの勤務上の措置
	勤務上の措置
妊娠中の労働者	・妊娠中の労働者の請求による時間外・休日労働・深夜業の禁止（労基法66条②③） ・妊娠中の労働者の申出による保健指導事項遵守のための勤務時間変更・短縮など（均等法23条①） ・妊娠中の労働者の申出による休憩時間の措置（同23条②） ・産前休業（6週間・多胎妊娠14週間）（労基法65条）
1年内の労働者 出産後	・産後休業（8週間・6週間後の請求による就労）（労基法65条②） ・生後満1年未満の子を養育する者の請求による育児時間の付与（同67条）
1年経過後の育児中の労働者	・1歳から3歳までの子の養育のための育児休業に準ずる措置又は時短など措置（育・介法23条①） ・3歳から小学校就学までの子の養育のための育児休業に準ずる措置又は時短など措置の努力義務（同24条①） ・小学校就学前の子の養育の必要な労働者の請求による時間外労働の制限（同17条） ・小学校就学前の子を養育する労働者の子の看護休暇付与義務（同25条）

介護現場においてはその職種により違いはあるものの、中心は20歳〜40歳代のいわば出産・子育て世代であり、共働き家庭も多いのが現状です。その意味で、女性労働者の労働環境について使用者は十分に配慮すべきです。

たとえば妊産婦から、深夜業の免除の申立てが出たような場合には、繁忙期であってもこれを認めなければならないと

(注8)
女性の「時間外・休日労働・深夜業に関する規制」の撤廃については、男女平等の理念の下、一律の規制が女性の社会進出を妨げているということを理由とする。

法律は規定しています。もとより、このような申立てがあったことを理由として労働者に不利益を課すことは許されません。

一見、使用者が不利にみえますが、女性労働者としての立場を尊重しない職場は、有為な人材が集まらず質の高い介護サービスを提供できないことは明らかです。

3-5　安全配慮義務（セクハラ防止義務も含む）について

先の表に示した通り、使用者は労働者に対して**安全配慮義務**を負います。労働者は使用者の指定した場所に配置され、労務の提供を行うものですから、使用者は賃金の支払義務を負うにとどまらず、労働者が労務を提供する過程においてその生命・身体などを危険から保護するよう配慮すべき義務を負うということです。

たとえば、介護の現場で利用者が何らかの疾病に感染していることがあります。この場合には、使用者には労働者に対して感染防止策等を踏まえた労働環境を提供する義務があります。なんら防止策をとることなく業務に従事させた場合には、使用者には安全配慮義務違反があります。

また、各種調査によれば、居宅介護を行う際に、女性ホームヘルパーが利用者からセクシャルハラスメント（いわゆるセクハラ）（注9）を受ける場合があることが報告されています。

このような「セクハラ」に関して、使用者には「職場（勤務場所を含む）において女性労働者に対して行われる性的言動等のセクハラを防止する配慮義務」（均等法第21条）が課されています。セクハラは個人の人格に関わる重大な問題です。加えて、女性労働者の就業環境を悪化させ、その能力の発達を阻害するとともに、使用者にとっても職場のモラルを低下させ、円滑な企業運営を阻害する問題です。したがって、

(注9)
セクハラの定義
①職場において行われ性的な言動に対する女性労働者の対応により当該女性労働者がその労働条件につき不利益を受けるもの（対価型セクハラ）。
②当該性的な言動により女性労働者の就業環境が害されるもの（環境型セクハラ）。

使用者には、労働者からセクハラの申告があった場合には早急にその事実を調査確認し、その事案について適正に対処する（配置転換・利用者への警告等）ことが求められています。高齢者・障がい者の介護現場においては、「利用者は弱者だからすべてを受け止める」とか「利用者の自尊心を傷つけてはいけない」との理由でセクハラを黙認するかのような扱いもあると見聞きします。しかし、これら利用者への配慮は「対応の仕方」で工夫すべきであり、黙認するなど放置することは絶対に許されません。

さらに、介護労働の現場で身体介護に従事する人は、継続して無理な姿勢をとることが多く、腰痛などに悩まされるといわれています。このように職務に起因した疾病が労働者に発生した場合には、労災保険法により**労災補償**がされます。この労災保険は全事業主を強制適用対象としています（強制加入）(注10)。

これに加え、近時、使用者には労働者への「健康管理義務」が求められるようになってきています。「労働時間、休日等について適正な労働条件を確保した上で」「健康診断を実施した上で労働者の健康状態に応じて従事する作業時間及び内容の軽減等の適切な措置をとるべき義務を負うというべきである」（2000〔平成12〕年10月31日最高裁判決）(注11)とされています。使用者には従来の職場環境を中心とした安全配慮義務に加え、労働者の健康状態そのものについても配慮するよう求められているものです。

以上に述べた労働者の権利は当然守られるべきものですが、一方で、自己の安全・健康は究極的には自分で守るということは基本です。職場内での事情を踏まえながらも、自己の体調等を見極めて「残業」を行う、休養が必要になれば適宜「年休」を行使する、「セクハラ」等の危険な状況になれば責任者に申告し対処を求めるなど、自ら判断し、行動すること

(注10)
使用者は労働者を1人でも雇っていれば労災保険に加入しなければならない。

(注11)
健康診断の実施「常時使用する労働者」に対しては雇い入れ時および1年以内毎に健康診断を実施しなければならない（労働安全衛生法第66条）。

も必要です。

　介護現場では、そのような権利を主張できる環境にないとよくいわれます。しかしながら、権利を行使しなければ、労働環境はいつまでたっても改善されません。法はこれらの権利行使をバックアップしているものなのです。そのことを念頭において職場全体がよく話し合うことが不可欠です。

V　労働契約の終了に関して

　労働契約の終了には、労働契約期間が終了する場合のほか、自分で退職する場合（任意退職）と解雇される場合の2種類があります。

1．任意退職について

　本来、労働者が退職する場合には、使用者に申し出て、その承諾を得て退職をする（**合意退職**）のが原則ですが、それを行うことをせずに労働者が一方的に辞めることについても法は認めています。法律によれば「申し入れの日から2週間を経過すること」で雇用契約は終了するものとされています（民法第627条1項）。介護士が退職する場合、サービスの利用者の引き継ぎなどもあるので、使用者に届け出てその承認を経た上で退職することが望ましいのですが、使用者と何らかの対立があり円満な退職ができない場合には、退職の意思表示だけで退職することもできます。

2．解雇について

　解雇とは、使用者による一方的な労働契約の解約です。先に述べた任意退職の場合と異なり、解雇については**労働基準法、雇用機会均等法**などにより使用者の解雇の自由について制限が課されています。

　たとえば、労働基準法では「解雇は、客観的に合理的な理

由を欠き社会通年上相当であると認められない場合には無効とする」（労働基準法第18条の2）とされています。したがって、使用者が労働者を自由に解雇することはできません。

なお、介護現場においては、しばしば経営不振等を理由とした解雇がみられます。これは法的にはいわゆる「**整理解雇**」(注12)といわれるものです。整理解雇においても、解雇するには合理的な理由が必要です。

Ⅵ　介護従事者の労働の向上に向けて

介護サービスの利用者は自ら「その権利を守ること」が困難な人がほとんどです。ですから、介護サービスを提供するにあたっては、利用者に対して「その本人の権利を侵害しない」ように注意して行う必要があります。「介護の質」が問われている今、介護従事者は、「人権一般」について関心をもつことが必要です。

しかし、介護従事者に「質の高い介護」の提供が求められるのであれば、その前提として「介護労働者自ら」も「働く者としての権利」－雇用の安定と適切な労働条件の確保をしなければ「質の高い介護」を提供することが困難であることは容易に推測されます。国も2004（平成16）年8月27日に「訪問介護労働者の法定労働条件の確保について」の通達を出し、労働条件の改善に向けた一定の取り組みをしていますが、十分に浸透しているとは言い難い状況です。

しかしながら、この現状を容認したままでは、いつまでたっても労働条件の改善にはつながりません。

この章で述べたように、労働各法に規定された労働者の権利実現のための職場での意識改革が必要になってきています。

さらに勉強したいひとのために
日本弁護士連合会　高齢者・障害者の権利に関する委員会編『Q＆A高齢者・障害者の法律問題』民事法研究会，2005年．

(注12)
整理解雇が有効となるための4要件
①人員整理の必要性
②解雇回避の努力
③解雇手続きの妥当性
④解雇基準の妥当性
等。

第9章

法と臨床の接点
―介護をめぐる事故・事件に学ぶ―　　　加藤悦子

　目をつぶって、自分にとってもっとも大切な人が倒れた、と想像してみてください。どのような気持ちを感じましたか。何はさておき駆けつけて見守りたい、自分のできることがあったら何でもやりたい……そう思われた方も多いのではないでしょうか。

　人は、人と人とのつながりのなかで生きています。大切な人の身に何かあった時、身近にいる家族が心配をし、面倒を看ようと思うのは自然なことでしょう。しかし、介護はいつ終わるかわかりません。介護者自身も無理を重ねて身体の調子が悪くなり、貯えも底をついてきた、もしかしたらこの先、生きていたって何もいいことはないのではないか……。未来に希望を見出せなくなり、うつ状態に陥った介護者が、要介護者とともに命を絶とうする事件が後を絶ちません。

　また、介護の担い手は家族だけではありません。特別養護老人ホームや老人保健施設、グループホームなど、さまざまな場で活躍する専門職の支援があって、日々の介護が成り立っています。これらの入所施設では、職員は日々、入所者が気持ちよく過ごすことができるよう、さまざまな工夫と配慮を行っています。しかし、慢性的なマンパワー不足、頻繁な職員の入れ替わりなどが原因で、過去にいくつか介護の現場でも事故が起きています。

　この章では、介護をめぐる事故・事件として、施設での介護事故と高齢者介護に関わる殺人事件を取り上げます。介護をめぐる事故については、介護の専門職や施設の管理者が負

うべき責任について検討します。介護に関わる殺人事件については、そもそもなぜ、このような事件が起きるのか、事件の背景には何があるのか、事態の改善に向けて私たちは何をすべきなのかを考えてみたいと思います。

I 介護事故

介護事故とは介護現場における事故のことを言いますが、そのなかには転んで骨を折ったり、窓から落ちたり、餅がのどに詰まって窒息したなどの不可抗力による事故、薬を間違って配ってしまったり、デイサービスの車で利用者をひいてしまったなど職員の過失に関わる事故など、いろいろなものがあります。

これまで介護の現場では「普段、お世話になっているから」、「苦情を言って追い出されたら困るから」など遠慮して、被害者が事故を公にしない傾向がありました。介護事故に関する全国的な調査がなされ、防止についての検討が本格化したのは介護保険法が施行されて以後のことです。とはいえ、肝心の事業者や介護現場で働く人たちがこれらの事故を法的に学ぶ機会が確保されているわけではありません。

いったい、事業者や介護現場で働く人たちは、どのような場合に、いかなる責任が問われるのでしょうか。もしこのような法的な責任の範囲を理解していなかったら、とにかく事故を起こさないことに一生懸命になり、万一の事態を恐れて利用者の意欲や意思を押しつぶす介護をしてしまいかねません。法的な側面から介護事故を学ぶということは、事業者や介護現場で働く人たちが自分の身を守るだけではなく、利用者に責任を持って確かなサービスを提供するために必要なことでもあるのです。ではさっそく、事業者の責任や介護現場で働く人たちの法的な責任について確認をしていきましょう。

1. 事業者の法的責任

　事業者には、介護サービス提供契約に盛り込まれた介護サービスについて、「適切な介護サービスを提供する義務」があります。したがって、この義務を果たさなかったことが原因で事故が起きた場合には、事業者に**注意義務違反**など、過失がある場合には**債務不履行責任**が認められ、それと因果関係のある損害について**賠償責任**が発生します（民法第415条）。

　また事業者には、事故の内容によっては都道府県による介護保険の業者としての指定、もしくは**許可の取り消し**あるいは**業務改善命令**や**業務停止**といった処分が課せられる場合があります（介護保険法第77条、第84条、第92条、第102条、第103条、第104条、第114条）。

2. 介護現場で働く人たちの法的責任

　被害者やその家族からみれば、まっ先に事故を引き起こした介護職員の責任を問いたくなるでしょう。しかし、利用者は直接、個々の職員と介護サービス提供契約を結んでいるわけではありません。事故を引き起こした職員は介護サービス契約上の責任ではなく、**不法行為責任**（民法第709条）、すなわち「故意・過失によって自らの行為により利用者の権利や利益を侵害したとき」に、その損害の**賠償責任**が問われることになります。

　過去をふりかえると、職員個人の責任が追及されることは少なく、多くは事業者の**債務不履行責任**が問題になっています。ただし、職員の行為が故意、あるいはかなり悪質なミス（過失）であった場合には、職員個人の責任が問われることもあります。

　では、個々の職員の故意や過失で、利用者の心身に損害を与えた場合はどうなるでしょう。この場合は、刑事上の責任が問われることもあります。故意の場合は**傷害罪**（刑法第

204条）や**傷害致死罪**（刑法第205条）、過失の場合には**業務上過失致死傷罪**（刑法第211条）が該当します。過去の事例では、職員による悪質な虐待が発覚した場合などに職員個人の刑事責任が問われています。

では、事業者は、どのような場合に「適切な介護サービスを提供していない」と見なされるのでしょうか。介護サービスの水準、安全配慮義務、介護職員の専門性をふまえた高度の注意義務という3つの観点から考えてみたいと思います。

2-1　介護サービスの水準

介護サービスの内容をどう評価するかについては、「わが国が行っている**介護サービスの水準**に照らして、その水準に沿ったものであるかどうかを確認する」ことが求められます。何が具体的なサービス基準であるかは、法令などに明確な定めはありません。裁判では、具体的に転倒防止、誤嚥防止などの場面で、それぞれあるべき介護サービスが提供されていたのか、その水準と現実に行われていたサービスの内容が検討されることになります。

2-2　安全配慮義務

介護サービス提供の場合、利用者が要介護認定を受けていて、自らリスクを抱えている人たちである以上、事業者としては、利用者がサービス利用中に安全に生活ができるよう配慮すべき義務を負っていると考えられます。

この義務は、利用者が自ら危険な状態に陥ったとしても、それを防ぐための措置を事業者がとらなかった場合にも問題になります。徘徊する利用者が行方不明にならないように必要な措置をとる、誤嚥が生じた場合には吸引などの適切な処置をとる、救急車を呼ぶなどの行為は、**安全配慮義務**の一環として、事業者の責任が問われることがあります。

2-3　介護職員の専門性をふまえた高度の注意義務

　介護職員の場合、介護に関しては一般の人と違い、専門職としての一定の知識を有しており、それに基づく**高度な注意義務**が求められます。これは資格を有しているかどうかに関係なく、介護サービス提供機関で職員として働いている以上、一般の人よりも高い注意義務が課されることを覚えておきましょう。たとえば徘徊する高齢者の場合、それまでの生活歴や病状からみて、目を離すと施設を抜けだして外に行ってしまう可能性があるなどは「予測すべき事態」と見なされる場合もあるのです。

　注意義務としては、利用者にあるリスクが発生するのを予見することができたかどうか（**予見可能性**）と、予測できたとしたらそのリスクを回避することが可能であったかどうか（**結果回避可能性**）が問われます。過去の裁判例では、利用者に対し、適切な情報収集をしていたか、リスクを回避するために適切なケアプランが立案、実行されていたかなどが問題にされています。

3．介護事故の裁判例

　介護事故の裁判例として、ある特別養護老人ホームで生じた誤嚥事故を例に、これまで述べた介護事故に対する考え方を確認してみたいと思います。

横浜地裁川崎支部　平成12年2月23日判決
①事故の概要
　特別養護老人ホームのショートステイを利用した73歳男性A（多発性脳梗塞、認知症により全介助）が、3日目の朝食後に異常を呈した。その2分前には、異常はなかった。職員は口の中を確認し、血圧などを計り、心臓マッサージを行ったが、救急車を呼んだのは発見15分後であった。救急車到着

時には、男性は息絶えた状態であった。
②原告（遺族）の主張
　被告職員は、利用者の飲み込みが悪いことを充分に認識していたのにもかかわらず、不十分な食事の管理と監視で誤嚥を予測した措置をとることなく、吸引器を取りに行くこともしなかった。午前8時25分頃に異変を発見していながら8時40分まで救急車を呼ぶこともなかったのであり、この点に適切な処置を怠った過失が認められる。
③被告（特別養護老人ホーム）の主張
　利用者Aの健康・安全については充分配慮して介護及び看護にあたっており、その行為に過失はない。
④裁判所の認定
　Aは食事の際に飲み込みが悪く、口に溜め込んで時間がかかる者であったこと、本件事故が朝食直後に起きていることからすれば、Aの異変を発見した際に真っ先に疑われるのは誤嚥であったというべきである。しかし（背中を叩くなど）誤嚥を予想した措置をとらず、設置されていた吸引器も使わず、救急車を呼ぶのが遅れた点に過失が認められる。

　地方裁判所は施設の注意義務違反を認め、原告の請求を一部認容しました(注1)。
　誤嚥という事態に対し、法的には介護の専門職としての**高度な注意義務**が問われ、事故の**予見可能性**と**結果回避可能性**が検討される、という流れを確認しておきましょう。
　基本的に、介護事故はあってはならないものです。しかし、それを意識するあまり、大きな事故の前兆となるリスクに気付いても見て見ぬふりをし、事故のもみ消しに走るなどの雰囲気が広がったら、サービス向上にはつながらず、いつか必ず大きな事故が生じてしまうことでしょう。
　大事なのは過去に生じた事故から学び、介護事故は起こり

(注1)
慰謝料2000万円、葬儀費用120万円、弁護士費用100万円。なおこの事件は控訴され、1800万円で和解が成立した。

うるものと考えて、できる限りの防止策を講じ、よりよい介護を追求していくことです。事業者に求められる**注意義務**というのは、利用者をきちんとアセスメントできているか、ケアプランの内容は適切か、それらの内容を個々の職員がどの程度理解して実践できているのかなどの基本的な事柄です。そして、そのことを利用者本人や家族に普段からどれくらい説明をし、率直に意見交換しているか、互いをどの程度理解しているかが介護事故の被害を最小限に食い止めるカギになります。

Ⅱ　介護殺人

1．介護が原因となって生じる殺人事件

　2006（平成18）年4月20日、毎日新聞に以下の記事が掲載されました。

京都・伏見区の母子無理心中：地裁が泣いた　介護疲れ54歳に「情状冒陳」——初公判(注2)

◇もう生きられへん。ここで終わりやで　そうか。一緒やで。わしの子や

　認知症の母親(86)の介護で生活苦に陥り、相談の上で殺害したとして承諾殺人などの罪に問われた京都市伏見区の無職、K被告(54)の初公判が19日、京都地裁であった。K被告が起訴事実を認めた後、検察側がK被告が献身的に介護しながら失職などを経て追いつめられていく過程を詳述。殺害時の2人のやりとりや、「母の命を奪ったが、もう一度母の子に生まれたい」という供述も紹介。目を赤くした裁判官が言葉を詰まらせ、刑務官も涙をこらえるようにまばたきするなど、法廷は静まり返った。

　事件は今年2月1日朝、京都市伏見区の桂川河川敷で、車椅子の高齢女性とK被告が倒れているのを通行人が発見。女

(注2)
毎日新聞大阪朝刊
(2006/04/20)29頁。

性は当時86歳だった母で死亡。K被告は首から血を流していたが、一命を取りとめた。

　検察側の冒頭陳述によると、K被告は両親と3人暮らしだったが、95年に父が死亡。そのころから、母に認知症の症状が出始め、1人で介護した。母は05年4月ごろから昼夜が逆転。徘徊(はいかい)で警察に保護されるなど症状が進行した。K被告は休職してデイケアを利用したが介護負担は軽減せず、9月に退職。生活保護は、失業給付金などを理由に認められなかった。

　介護と両立する仕事は見つからず、12月に失業保険の給付がストップ。カードローンの借り出しも限度額に達し、デイケア費やアパート代が払えなくなり、06年1月31日に心中を決意した。

　「最後の親孝行に」。K被告はこの日、車椅子の母を連れて京都市内を観光し、2月1日早朝、同市伏見区の桂川河川敷の遊歩道で「もう生きられへん。ここで終わりやで」などと言うと、母は「そうか、あかんか。K、一緒やで」と答えた。K被告が「すまんな」と謝ると、母は「こっちに来い」と呼び、K被告が額を母の額にくっつけると、母は「Kはわしの子や。わしがやったる」と言った。

　この言葉を聞いて、K被告は殺害を決意。母の首を絞めて殺害し、自分も包丁で首を切って自殺を図った（が、未遂に終った）。

　法的に言えば、**介護殺人**は、自殺関与および同意殺人（刑法第202条）、殺人（同第199条）、傷害致死（同第205条）、保護責任者遺棄致死（同第219条）の4通りに分類できます。これらの行為は、憲法13条をもとにした被介護者の「生きる権利」、そのなかでも生命および身体の自由というもっとも重要な基本的人権が侵害された状態と考えられます。絶対、

許してはならない行為です。

　しかし現実の事件をみると、事件に至るまでの母子の苦悩に心が痛みます。行き場を失った息子、最後のときまで息子を「力づける」母親。「わしがやったる」、この母の言葉を聞いて息子は心中を決意します。「ともに死ぬしかない」と思い詰め、母親の首を力いっぱい絞めあげました。そして自らも後を追って死のうと、身体のあちこちを切りつけたのです。

　互いのことを思いやる母と子、彼らには共に死ぬ道しか残されていなかったのでしょうか。介護の専門職であれば、事件を知れば知るほど「もっと前に何とかならなかったのか」、「事件を防ぐ手立てはなかったのか」と考えることでしょう。周囲はなぜ彼らの危機に気付くことができなかったのでしょうか。

　ここで心に留めておかねばならないことがひとつあります。ここで紹介した事件は特殊なケースではないということです。似たような事件は全国各地で、毎月のように繰り返し生じているのです。これはもはや、事件当事者の個人の資質のみによって引き起こされたものではありません。事件の背景には介護者個々人の努力では何とも解決しがたい、社会的な要因があると考えるのが自然です。私たちは、これらの事件が訴える問題点を検討し、介護殺人に関わる社会的な要因を見出し、再発防止に向けた手段を講じる必要があります。

　では次に、このような事件の全体像について詳しくみてみましょう。

2．介護殺人事件の概要

　介護をめぐる殺人や心中の事件は、年間どのくらい発生しているのでしょうか。事件の全体的な傾向をつかむために、1998（平成10）年から2007（平成19）年までの10年間に生じた事件の数と内容を確認してみたいと思います(注3)。

(注3)
「介護殺人」の定義は、現段階では確立されていない。そのため、この場では操作的に「介護殺人」を「親族による、介護をめぐって発生した事件で、被害者は60歳以上、かつ死亡に至った」という条件に合致した場合と捉えることにしたいと思う。

2-1 件数、死亡数

日本全国の新聞30紙を調べたところ、1998年から2007年までの10年間に、「介護殺人」は350件生じており、355人が死亡していました。ちなみに1998年以降2007年まで、24件、29件、39件、29件、37件、42件、32件、27件、49件、42件という内訳です。だいたい平均すると年30件強、月に2～3件生じていることになります。

2-2 加害者の特徴

10年間のうち、加害者でもっとも多い続柄は、実の息子121件（34.6％）、次は夫で120件（34.3％）でした。この結果からは、加害者は男性が多い傾向が読み取れます。

加害者の年齢では、60歳以上である場合が58.5％と6割弱を占めました。介護殺人の場合、加害者＝主介護者のケースが多く、**老老介護**の当事者が事件の加害者になっている場合が多いことがわかります。

2-3 複数の事件にみられる共通点

10年間分の「介護殺人」350件について、報道した記事を丹念に読み込んだところ、複数の事件に共通する事項として次の事柄が確認できました(注4)。

自らも後追い自殺する覚悟で被介護者を殺害した心中、あるいは心中未遂は148件（42.3％）でした。家族形態は親ひとり子ひとり、または老夫婦など2人暮らし世帯が176件（50.3％）でした。また、加害者自身が何らかの障害を持っている、または介護疲れや病気など体調不良であった事件は176件（50.3％）でした。介護が加害者ひとりに集中していたという記載があったのは97件（27.7％）でした。

被害者については、寝たきりが111件（31.7％）、**認知症**がみられた事例は115件（32.9％）でした。社会と何らかのつ

(注4)
続報がないなど、事件の詳細を確認することができない事例も多いため、ここで述べた数字は「少なくともこれだけは確認できた」という趣旨のものである。

ながりを持っていたかどうかに関しては、病院を利用していた事例が70件（20.0％）、何らかの介護サービスを利用していた事例は57件（16.3％）でした。その他、経済的に行き詰っていたなど何らかの金銭的困難がみられた事例は46件（13.1％）、事件当時、入院あるいは入所待ち状態にあった事例は12件（3.4％）でした。

3．過去に生じた事件に学ぶ

このような結果から、いったい私たちは何を学べばよいのでしょうか。ここでは２つのことについて考えてみたいと思います。男性介護者への支援と、自らも後を追う覚悟で被介護者を殺害する事件についてです。

今回分析の対象とした350件からは、明らかに加害者は男性に多いという特徴が見出されました。介護を担っているのは今でも女性が多いだけに、加害者は男性、被害者は女性に多いという結果は注目すべき事実です(注5)。男性は女性に比べ、介護で行き詰る可能性が高いのでしょうか。もちろん人にもよりますが、男性介護者は女性介護者にない悩みを抱えている場合が数多くみられます。炊事や洗濯などの家事にしても、今まで妻に任せきりで自分でしたことがない男性にとっては、大きな生活上の困難として感じられるのです(注6)。家のなかで右往左往し、多くの失敗を繰り返していくうちに疲れきり、相談できる人もいなくて孤立感に陥っていく男性介護者、彼らへの支援は早急の課題でしょう。

その他、とくに男性にありがちな傾向として、１日の介護スケジュールを順守する、自らの介護行為に目標を設定し、治る、状況が改善するなど何らかの「成果」を期待するというものがあります。しかし、これはかなり危険です。それが叶わなかった場合、介護者はやりがいを失い、自分自身を追いこんでしまう危険性をもはらんでいるからです。育児と違

(注5)
2006（平成16）年国民生活基礎調査によると、要介護者などと同居している主な介護者の続柄は、配偶者が24.7％、子が18.8％、子の配偶者が20.3％で、性別では、男性25.1％、女性74.9％である（厚生労働省）。

(注6)
立命館大学人間科学研究所男性介護研究会・日本生活協同組合連合会医療部会『男性介護全国調査報告書（第一報・改訂版）』2007年、22頁。

い、高齢者介護の場合は現状維持が精一杯ですし、認知症の場合、徐々に症状は進行していきます。上田照子は「高齢者の介護は育児と違い、日々の成長ではなく、日々老いていく姿をみるものであり、介護を献身的に行ってもいずれは終末を迎えることになり、その過程に喜びを得ることは少ないという特徴がある」と述べています(注7)。

　失った多くのものに対する介護者の戸惑いや悲しみを受け止めつつ、今までの生活から介護を含めた生活へうまく移行できるよう支援していくことが、今、介護の専門職に求められているのではないかと思います。

　次に、自らも後追い自殺する覚悟で被介護者を殺害する事件について考えてみましょう。このような事件では、加害者は「献身的だった」、「一生懸命介護していた」場合が多く、いったん事件が生じると「まさかあの人がこんな事件を起こすなんて、信じられない」、「被害者もかわいそうだが加害者もかわいそう」というコメントがなされることが多いです(注8)。

　周囲はなぜ、加害者の危機に気付くことができなかったのでしょうか。介護の専門職は、訴えが多くある、何かと問題があるような利用者に対してはふだんから気に留め、訪問を繰り返してサービスを工夫するなど、きめ細やかなケアマネジメントを展開しています。しかし、とくに苦情や不平不満を言わない、要求を口にしない、介護者が常に付き添い、完璧に面倒を看ているようなケースだとしたら、どうでしょう。それほど気に留めることなく、限られた自分の時間を別の「手のかかる」ケース対応に向けてしまうのではないでしょうか。

　介護の専門職はこのような事態の危険を察知する必要があります。完璧なまでにきっちり介護を行う介護者、苦情や不平不満を言わない介護者は、他人に助けを求めるのが下手な

(注7)
上田照子「家族介護者による不適切処遇の背景とその予防」『労働の科学』56(5)、2001年、12頁。

(注8)
近所の人などから、これまでの加害者の献身的な介護ぶりなどを理由に、裁判所に対して加害者の罪を軽くするよう求める嘆願署名が提出されることもよくある。

のかもしれません。
　自分の身近に、窮地に陥っている介護者はいないか、確認してみましょう。もしいたら、彼らに対し、適切な支援がなされているか注意を向けてみましょう。これらのことを積み重ね絶望して死を選ぶ介護者がひとりも出ないよう、皆で力を併せて介護者支援を行っていくことが大事なのです。

4．事件が生じた背景を加害者(介護者)の立場から考える

　介護殺人の事件を振り返る上で、もっとも大事なのは同様な事件の再発を防ぐ手立てを見出すことです。そのために事件を起こしてしまった加害者本人の立場に立って、事件がなぜ起こったのかを考えてみましょう。

　加害者は警察や検察での供述、裁判での証言などの場で、自分がなぜこのような事態を引き起こしたのか、何が自分をそこまで追い詰めたのか、なぜ死ぬ以外の選択肢を思いつかなかったのかなどについて語っています。多くの場合、これらは法廷のなかでのみ明らかになり、教訓として世間に知らされることはほとんどありません。ただし、冒頭に述べた京都の事件では、たまたま裁判の段階からメディアで注目され、裁判で語った加害者Kの言葉などがかなり詳しく報道され、一般の者でも事件が生じた背景をある程度知ることができました。たとえば以下のような情報があげられます。

・K被告はひとりっ子で、職人をしていた父親から「貧乏であっても、人から指を指されることはしてはいけない」、「他人に迷惑をかける生き方をしてはいけない」と教えられ、育てられた。
・休職中、Kは福祉事務所に行き、生活保護を受けることができないか相談したが、対応した職員から「あなたはまだ働けるから」と言われ受給することができなかった。

・母親の症状は悪化の一途をたどり、Kは「このまま休み続けては職場に迷惑をかけてしまう」と会社を辞めた。
・ケアマネジャーによると、Kの自宅はきれいに整頓されており、認知症の母親を優しく介護をしていた。
・家賃を支払うことができなくなり、母と2人、家を出た。手持ちの現金はわずか7000円ほどであった。
・裁判に情状証人として出廷したケアマネジャーは、「明るく振る舞っていたし、そこまで追いつめられているとは思わなかった。もっと訴えてほしかった」と話した。
・公判で証人として出廷した従兄弟は、「なんで相談してくれなかったんだ」と訴えたが、Kは涙をこらえるばかりだった。
・Kは裁判のなかで、親類にも頼らなかった理由として「負担を押し付けられなかった。頼られたらだれでも迷惑ではないですか」と語った(注9)。

　これらの事実から、Kは真面目な人柄であるが人に迷惑をかけることをよしとしない、困っても人に頼ることができない人であったことが想定されます。そんな彼も、お金に困りにっちもさっちも行かなくなって福祉事務所に行ったのですが、そこではKの稼働能力を理由に生活保護の受給は拒否されました。ここでケアマネジャーが同行して、稼働能力があっても物理的に働けないKの事情を代弁していれば、と悔やまざるを得ません。
　この事件に関しては、京都市伏見福祉事務所保護課の担当者は「本人からの申請主義なので、要件が整った時に来てもらえないと、こちらから申請してくれとは言えず対応には限界がある」と述べています(注10)。
　生活保護だけでみれば、稼働能力のある人に就職を勧めるのは当然の対応でしょう。ただし、事件の全体を振り返ると、

(注9)
「伏見区の母子無理心中:『考え相談できる余裕を』被告、行政の弾力的支援訴え／京都」毎日新聞地方版(2006/06/22)、27頁、「伏見区の母子無理心中:『自分たちにも責任』公判でケアマネら証言／京都」毎日新聞地方版(2006/05/16)、25頁。

(注10)
「承諾殺人、猶予付き判決 京都地裁『生活保護行政のあり方、問われている』【大阪】」朝日新聞夕刊(2006/07/21)、1頁。

Kが窮地に追い込まれていく過程のなかで、この生活保護受給拒否が及ぼした影響は大きく、この時点で別の対応がなされていれば、事件を回避することができたかもしれません。

　介護の専門職である私たちがすべきことは、事件から学び、介護者が陥る困難を回避すべくできる限りの手段を講じることだと思います。過去に生じた痛ましい事件を丁寧に分析し、どのようなことで悩み、苦しんでいるのかを介護者の立場から把握すること、そのことが痛ましい事件を減らす第一歩となるのではないでしょうか。

さらに勉強したいひとのために
加藤悦子『介護殺人―司法福祉の視点から』クレス出版，2005年．
高野範城・青木佳史編『介護事故とリスクマネジメント』あけび書房，2004年．
柴尾慶次『介護事故とリスクマネジメント』中央法規，2002年．
名古屋弁護士会高齢者・障害者総合支援センター（アイズ）編『介護事故マニュアル　2005年版』名古屋弁護士協同組合，2005年．

第**10**章

介護者支援の法的枠組の構築に向けて
―介護の未来―

加藤悦子

わが国の平均寿命は男性79.0歳、女性85.8歳(注1)。2007（平成19）年現在、65歳以上の人びとが日本の総人口の20％以上を占めています。年老いても住み慣れた地域や家庭で元気に生活することは多くの人の願いですが、残念ながら、病気やけがなどが原因で介護が必要な状態になることも少なくありません。

2000（平成12）年に**介護保険**が施行されてから、介護を必要とする高齢者は**要介護認定**を受け、必要に応じて介護サービスを利用することができるようになりました。要介護者や介護者へは、これらのサービスをうまく使いこなせるような支援を行う必要があります。では、具体的に、どのような支援が求められているのでしょうか。

この章では、高齢者を介護する家族について、データをもとに概要を把握し、彼らの悩みと必要な支援について考えてみたいと思います。はじめに介護者から寄せられた声をもとに介護者が抱える悩みについて確認し、わが国における介護者支援の課題について考えます。次に、それらの課題をふまえた介護者支援のあり方について、法的な側面からの検討を試みます。参考例として、介護者の支援が進んでいるイギリスとオーストラリアに注目し、先進的な介護者支援の枠組について学びたいと思います。

I 介護者は何に悩んでいるのか

高齢者の介護を担う人たち、なかでも**認知症**の人を介護す

(注1)
厚生労働省発表「日本人の平均余命 平成18年簡易生命表」より

る家族は、症状への対応に加え、将来の不安や介護体制をいかに整えたらよいかなど、さまざまな悩みを抱えがちです。

ここでは認知症の人と家族の会・愛知県支部が約7年間行っている**電話相談**の報告を例に、介護家族の抱える困難について考えてみたいと思います。

1．介護家族の抱える困難

認知症の人と家族の会・愛知県支部では、1999（平成11）年11月に電話相談事業を始め、認知症に関するさまざまな相談に応じてきました。1999年11月から2006（平成18）年12月までの間に受けた電話相談の件数は、3669件にもなり、主に介護家族からの切実な悩みが寄せられています。

これらの相談について、今回、相談者の性別、被介護者との続柄、被介護者の要介護度、相談時間、相談内容の各項目について調べた結果は以下の通りです(注1)。

（注1）このデータに関しては匿名化し、個人を特定できない形で分析を行った。

〈調査結果〉

相談者は約9割が女性で、40～50歳代が6割を占めていました。被介護者との続柄では、娘42.9％、嫁28.7％、妻10.1％、夫3.1％、息子4.0％でした。

被介護者の介護度では、認定なし～要支援23.5％、要介護1～2が42.1％でした。相談時間は30分以上が35.1％を占め、10分以下で終わる相談は16.9％のみでした。相談の内容に関しては、8種類（認知症の症状、人間関係、介護システム＆サービス、介護に関わる不安・葛藤、医療システム＆サービス、介護者の健康、経済問題、その他）に分類したところ、多い順に「認知症の症状」22.9％、「人間関係」15.6％、「介護システム＆サービス」と「介護に関わる不安・葛藤」11.4％でした。「認知症の症状」でもっとも多かったのは「もの忘れ」30.8

％でした。「人間関係」では、被介護者本人や同居家族よりも親戚に対する相談が多くを占めていました（37.7％）。

これらの数字を見て、ひとつ明らかな傾向があることに気付かれたのではないでしょうか。女性からの相談が9割で、男性からはわずか1割にすぎません。男性介護者は介護に悩んだ場合、どこに相談をしているのでしょうか。

介護者の続柄についても興味深い結果が出ています。全体では「娘」介護者が相談者の半数を占めていますが、電話相談を始めた1999年当時は娘20.4％で嫁35.2％、2006年は娘58.1％で嫁18.4％という内訳でした。今後は三世代同居で嫁が介護する、というパターンが減り、老老介護、あるいは同居で独身の子による介護、別居の娘による遠距離介護などが増えていくと思われます。介護状況の変化に合わせた適切な支援のあり方を考えていくことが重要になってきます(注2)。

相談内容では、認知症の人を介護する家族は、認知症の症状のみならず、周囲との関係、それも親戚との人間関係に悩んでいるという結果が出ました。これは、認知症の介護を熟知している人であればすぐに納得のいく結果だと思います。同居していない場合、認知症の人の状態を正確につかむことは難しく、介護者の抱える困難が軽視されてしまう事態も少なからずみられます。周囲から理解されない介護者の内面の苦しみ、これを丁寧に汲み取り、時間をかけて寄り添っていくような支援が求められています。

次に、この結果をもとに、介護者支援を考える手がかりとして、介護者の続柄別に相談内容を吟味すると何らかの傾向がみられるのか、内容によって相談時間に違いがみられるか、それぞれの続柄が抱える人間関係の悩みとは具体的に何か、

（注2）
被介護者の状態別にみると、相談者は要介護度の軽い者の介護者が半分以上を占めるという結果が出た。介護は初期の段階より長期になるほうが悩みが深いのではと思うかもしれないが、そうとは限らない。とくに認知症の場合、初期の段階の家族はおおむね混乱、怒り、悲しみなどの感情を抱き、現実をありのままに受け入れることができない。状態が軽いうちから気軽に相談できる場を設けておくのは大切なことだ。

相談時間では、30分以上が35.1％を占めていた。いくら相談員が親身になって耳を傾けたとしても、知らない人にこれだけの時間話をする、というのは相当なことではないかと思う。介護者はそれだけ、自分の思いを吐き出す場がないのかもしれない。2007（平成19）年現在、いくつかの自治体で介護者支援のために電話相談窓口を設けることが検討されているが、この結果からは、電話相談事業を行うと

について考えてみたいと思います。

<調査結果>

相談内容を続柄別にみると、認知症の症状に関する相談がもっとも多いのは息子介護者（32.4％）、人間関係では嫁介護者（29.1％）、介護システム＆サービスでは夫介護者（16.2％）、医療システム＆サービスでは本人（27.3％）、介護者の健康では妻（5.6％）、経済問題では他家族（5.2％）でした。娘介護者からは認知症の症状（19.6％）、人間関係（14.4％）に関する相談が比較的多かったのですが、他の続柄に比べ、とくに際立った傾向はみられませんでした。

相談内容と時間に関しては、医療システム＆サービスに関する相談の30.7％は10分以内に終了しており、30分以内に83.6％が終了していました。また、認知症の症状に関しても、30分以内に68.7％が終了していました。しかし、人間関係に関しては、30分以上かかった相談が58.2％、1時間を超えたのが15.8％でした。介護者の健康に関する相談も、48.5％が30分以上の時間を要していました。

人間関係に関する悩みは多岐にわたっています。たとえば嫁介護者からは「ウソばかりつく姑に苛立ち手を上げてしまう。自己嫌悪に陥る。主人からは感謝の言葉はなく、義姉からはひどいことを言われ気が狂いそう」、「姑の介護は大変だが、自分なりにやっている。しかし、夫と夫の弟妹は協力的ではなく、長男の嫁が看るのが当たり前だと思っている」など、自分なりの介護を理解されないことへの怒りや嘆きの相談が多く寄せられました。

したらそれなりの時間を覚悟し、マンパワーの確保が不可欠なことがわかる。

介護者の訴える悩みは、続柄によってかなり違ってきます。

娘が親を介護するケースでは、これまで多かった嫁介護者とは異なる葛藤、悩みがみられます。たとえば嫁介護者の場合、「そもそもなぜ、私が介護しなければならないのか」と悩むケースが少なくありません。その点、娘介護者は介護役割を担うことへの葛藤はさほど強くないのですが、介護をするにあたり、これまでの親との関係が大きく娘を動揺させる要因となります(注3)。

介護者が要介護者と近い関係にあればあるほど、認知症の進行を受け止めるのはつらいものです。この結果からは、介護者の置かれた立場に配慮しつつ、内面の葛藤に寄り添い、思いを受け止めていく支援の大切さを確認することができます。

2．支援者育成に向けた課題

介護者支援を考案する場合、支援者育成のプログラムについてもあらかじめ考えておくのは大切なことです。

これまでに述べたように、認知症の人を介護する家族はとくに、被介護者の症状や、周囲の無理解などからくるさまざまな困難に直面することが多くあります。周囲に気軽に相談できる人がいれば、介護者の悩みや困難もいくらか和らぐのではないかと思われますが、現状では、自殺予防や育児相談などに比べ、こと高齢者を介護する者への支援者育成については充分な検討がなされているとは言えません。

認知症の人と家族の会愛知県支部では、電話相談員は、介護に関わる社会資源や傾聴の仕方などをテーマにした半年におよぶ研修を受けた後、ボランティアとして活動を始めます。また、年に1～2回、介護に関わる新しい法律や施策について知り、相談技術を上げるための技術を学ぶなど、研鑽を積むことが求められています。ここでは支援者育成の視点から、認知症の人と家族の会愛知県支部の電話相談員が、自らが行

(注3)
「何よりもつらかったのは、大好きなお母さんが"壊れて"いくこと。家をきちんと整えていたお母さんが今、家事ができなくなって、タンスも何もかもグチャグチャ……。肩をつかんで、お母さんしっかりしてって、思い切り揺さぶりたくなる。病気だと頭でわかっていても、心がついていかない」とつぶやいた娘介護者がいた。彼女を苦しめていたのは、具体的な介護ではなく、彼女のなかの母親像が崩れていくことへの葛藤だったのだ。

った電話相談をどう捉えているのか、自分なりにどう振り返っているのかについて確認をしてみたいと思います。加えて、相談員が自分なりによい応対ができたと思った場合と、思わなかった場合の違いについて、考えてみましょう。

> 〈結果〉
> 　相談員に自らの受けた相談への対応を振り返ってもらい、それぞれよく聞けた・まあまあ聞けた・普通・少ししか聞けなかった・聞けなかったの5段階で評価してもらいました。回答があった440件についてみると、よく聞けた33.4％、まあまあ聞けた13.2％、普通8.4％、少ししか聞けなかった37.5％、聞けなかった7.5％でした。
> 　主訴別でみると、「よく聞けた」の回答が多かったのは認知症の症状46.8％、介護に関わる不安・葛藤40.5％でした。「少ししか聞けなかった」の回答が多かったのは人間関係69.3％、介護システム＆サービス40％、介護に関わる不安・葛藤44.6％でした。

　電話相談員が自分なりに相談を振り返った場合、「少ししか聞けなかった」あるいは「聞けなかった」が45％を占めていました。電話相談員は人間関係や介護システム＆サービス、不安・葛藤に関する相談には「少ししか聞けなかった」と感じているようです。今後、このような相談内容にいかに対応していくか、さらなる検討と研修の充実が求められます。
　次に、この調査で明らかになった介護者の抱える困難をふまえながら、法的な支援枠組の形成について考えてみたいと思います。

Ⅱ　法的な側面からみた介護者支援のあり方

　高齢者介護に関する法として、第一に確認をしておきたい

のが2000（平成12）年に施行された**介護保険法**です。この法の施行に伴い、介護を要する人は要介護認定を受け、ケアマネジャーなどが作成するケアプランをもとに介護サービス事業者と契約を結び、各種サービスを利用することができるようになりました。ただし、介護保険法は介護を要する高齢者自身の権利利益の実現をめざしたものであり、とくに介護者の法的地位を定めているわけではありません。

　介護者に関する法といえば、2006（平成18）年に施行された高齢者虐待の防止、高齢者の養護者に対する支援などに関する法律（通称、**高齢者虐待防止法**）があります。この法では、高齢者虐待の防止に向け、介護者への支援が重要であることが法律のなかで明示されました。その点では、介護者の現状を踏まえた、画期的な法律と言えるでしょう。

　しかし、この法のそもそもの立法目的は「高齢者の権利利益の擁護」であり、介護者支援はそれを達成するための手段なのです。介護者は、介護を要する高齢者をサポートする存在であり、独自に支援を有する人たちであると受け止められているわけではありません。

　一方、1990年代からコミュニティケアを推進してきたイギリスでは、介護者への支援そのものを目的に掲げた法（Carers Act）が制定され、介護を要する高齢者とは別に、介護者自身を支援する具体的な施策が講じられています。また、オーストラリア（サウス・オーストラリア州）では、州法（Carers Recognition Act 2005）をもとに介護者憲章（SA Carers Charter）を制定し、介護に関わるさまざまなサービスを受けることを市民の権利として確認しています。次に、これらの法や憲章の内容を概観し、これからの日本の介護者支援にむけた法的な支援枠組について考えてみたいと思います。

1. イギリスの介護者法（Carers Act）

　1995年、イギリスではCarers Actが介護者の役割を公的に認めた法として制定されました。自治体が介護者の状況を把握し幅広いサポートを提供すること、適切な介入ができるようにすること、家族を基盤にした統合的なアプローチを展開すること、介護者に対し適切な情報提供をすることなどが定められました。

　なかでも、介護者は自らのニーズとケア提供能力について、自治体からアセスメントを受けることができると定められた点は注目に値します。介護者のニーズは被介護者とは別のものと位置づけられ、介護者が希望する場合は、利用者である被介護者とは別の場所でアセスメントを受ける機会や、被介護者の担当ではないソーシャルワーカーからアセスメントを受ける機会も保障されました。

2. オーストラリアSA州の介護者憲章（Carers Charter）

　オーストラリアはイギリスと違い、国全体を対象にした介護者法が定められているわけではありません。しかし、介護者の団体が全国に存在し、マスコミや行政に対し活発に働きかけがなされるなど、当事者を主体とした興味深い活動がみられます。なかでも、サウス・オーストラリア州は「**介護者憲章**」を制定し、市民として安寧な生活を営む権利を保障する視点から介護者の権利擁護を行っています。この介護者憲章は、先に制定されたCarers Recognition Act 2005の理念をより具現化するものであり、州政府や介護サービス提供者には、憲章の内容に基づいた政策の実施とサービス提供が求められています。

2-1　介護者憲章の内容

介護者憲章は、以下の7つの条文から構成されています。

1．Carers have choices within their caring role.
2．Carer's health and well-being are critical to the community.
3．Carers play a critical role in maintaining the fabric of society.
4．Service providers work in partnership with carers.
5．Carers in Aboriginal and Torres Strait Islander Communities need specific consideration.
6．All Children and young people have the right to enjoy life and reach their potential.
7．Resources are available to provide timely, appropriate and adequate assistance to carers.

　これらについて、条文ごとに内容を確認してみたいと思います。第1条は、「介護者は、介護者としての役割を担うかどうかを選択できる、かつ、どの程度担うかについて、自らの能力に応じて決めることができる」です。日本では、嫁だから、長男だからなどの理由で介護を始めた後に、なぜ自分ひとりがやらねばならないのかとストレスを抱える介護者は少なくありません。自ら介護を引き受けるかどうか、引き受けるとすればどの程度を自分が担うのかを考えるための選択肢を持つことは後々、よりよい介護を続けていくためにも重要です。
　第2条は、「介護者の健康と幸せは、地域社会にとって重要な関心事である」です。介護者が地域社会と切り離されることなく、介護のために学校や仕事に支障が出ることがないよう、支援が提供されなければなりません。
　第3条は、「介護者は、社会を構成するメンバーの一員と

して重要な役割を担っている」です。多くの介護者は自らの介護が世間に知られておらず、認められていないと感じています。また、サービス提供者からは「介護するのはあたりまえ（社会資源のひとつ）」とみなされることが多く、介護者自身のニーズが話題にされることはほとんどありません。この条文には、介護者が社会的に重要な役割を担っていることを地域の人に知らしめ、介護者がサービスをより利用しやすくなるように、介護者が自らを卑下することなく自信を持ってサービスを利用できるようにという思いが込められています。

第4条は、「サービス提供者は介護者と協働関係のもとに仕事をする」です。アセスメント、プランニング、サービス提供、振り返りなどは、必ず介護者を交えた形で行われなければなりません。そして介護に関する何らかの決定がなされるとき、介護者の価値観やニーズは最大限考慮されなければなりません。

日本でも近年、サービスを計画するうえで、介護者の思いや状態を把握する重要性が指摘されるようになりました。介護者のニーズと要援護者のニーズはしばしば衝突することがあり、介護者のニーズは要援護者のものとは分けて考えられなければなりません。介護者は介護、あるいは介護とは別に固有のニーズを持つ存在なのです。

第5条は「先住民、そしてトレス海峡諸島に住む人々の介護に対しては、特別な配慮がなされなければならない」です。オーストラリアの社会情勢を反映した内容になっています。「特別な文化背景を持つ人に対しては、彼ら独自の文化や価値観を尊重し、それに適した介護サービスが提供されるべきである」とする視点は注目に値します。

第6条は、「子どもたちや若者はすべて、（子どもとしての）生活を楽しみ、自らの可能性を追求する権利を持つ」と

いう内容です。彼らは普通、介護役割を担っていると思われないため、彼ら特有のニーズや困難（「子ども期の喪失」、サービスへのアクセス問題）は、世間ではほとんど知られていません。彼らが他の子ども同じく、子ども時代（青年期）を楽しみ、彼らの担う介護役割が最小限になるようサポートが提供されなければならないのです。

　第7条は、「社会資源は介護者にとって、タイムリーに、適切に、充分に提供されうる（ものでなければならない）」です。介護者は広範囲の社会資源に接する機会をもち、決断するに十分な情報を得られるようにしなければなりません。また、言葉や文化の問題をふまえた適切な情報提供がなされるべきであり、地方ゆえにサービスそのものがないなどの問題は、早期に解決されなければなりません。

3．施策としての介護者法

　「介護者の権利」が法的に整備されても、それを実行するシステムが地域に構築されていなければ、すばらしい理念も絵に描いた餅になってしまいます。実際、イギリスでは介護者法が施行されてもしばらくの間、ケアマネジャーは法律の内容を充分に理解していませんでした。法施行後2年して行われた国の調査（Carers Nation Association）によれば、認知症の人へのアセスメントが行われる際、8割を超す介護者は、介護者法における自らの権利を知らされていませんでしたし、介護者自身のニーズを把握するための独自のアセスメントがなされていたわけではありませんでした(注4)。

　これには大きく分けて次の3つの背景要因があると思われます。

　第1に、自治体自身が法律について十分に把握していませんでした。自治体には「介護者法マニュアル」が用意されていましたが、実際にはあまり活用されているとは言えない状

(注4)
Brenda Gillies. Acting Up: Role Ambiguity and the Legal Recognition of Carers. Ageing & Society 20.429-444. 2000.

態でした。かつ、自治体には介護者支援に向けた十分な資金が用意されていなかったこと、介護者のニーズを考慮するのは義務ではなかったこと、広く介護者に向けた法の広報が不十分だったことなども原因として考えられます。

　第2に、介護者に伝える立場にあるケアマネジャー自身が法律の内容をよくわかっていなかった、あるいは介護者法そのものに批判的だったことがあります。当時、ケアマネジャーは、「介護者へのアセスメントは、それが適切になされるのであれば、介護者にとって有意義なものである」と感じていました。しかし、ケアマネジャーは介護者に権利意識を自覚させる介護者法を積極的に推進することはなく、むしろ介護者の期待が大きくならないよう気を配っていました。なぜなら、要援護者とは別のアセスメントを行えば時間がかかるし、事務手続の量も増えてしまうからです。かつ、アセスメントについても、ケア提供に関わる情緒的・心理的側面、たとえば、介護者は自らの介護役割をどう受け止めているかなどの情報は軽視されていました。介護者のニーズを把握するアセスメントが確立していなかったことも大きかったと思われます。

　第3に、介護者自身も、アセスメントを受けると何がどう変わるのか、自分の抱える問題の解決にどう役立つのかなど、その意義をつかみきれていませんでした。したがって、介護者がアセスメントの実施をケアマネジャーに要求することはあまりありませんでした。

　ただし、これらの問題があったにしろ、イギリスでは介護者法の施行により、介護者が単なる「社会資源」ではなく、被介護者の積極的なパートナーであり、独自の要望やニーズを持つ個人であるという地位を獲得できた点はおおいに評価すべきです。このような捉え方は、今後の日本の介護者支援を法的な視点から検討するうえで、参考になる事柄と思われ

ます。

　また、イギリスの実践からは、介護者に関する法を設ける場合、はじめに国レベルでその目的と意義をきちんと確認すること、責任主体が自治体であれば、自治体の責務を明らかにし、十分な予算をつけること、なぜそのような法が施行されたのかを市民ひとりひとりが理解できるよう研修の場を持つこと、とくに対象者に直接働きかける専門職への教育を充実させることなどの課題を見出すことができます。

　その点、サウス・オーストラリア州では、**介護者憲章**を行政の仕組みに組み入れ、憲章の目的がきちんと達成されているかどうかを確認するシステムが設けられています。州政府、地方自治体、サービス提供者、介護者がそれぞれ担う役割は、以下の通りです。

・州政府
　州政府はCarers Recognition Act 2005、そして介護者憲章の原則に沿った政策、プログラム、サービスが提供されているかどうかを確認する役割を担っています。また、それらの内容と達成度について、毎年、報告することが義務付けられています。

・地方自治体
　自治体はCarers Recognition Act 2005、そして介護者憲章に基づき、介護者が地域で認められ、支援不足などから困難を抱えることがないように、また介護者が社会の一員として重要な役割を果たしているとの認識が得られるように、介護者への感謝の念を地域において育成していくことが求められています。

・サービス提供者
　サービス提供者や自治体はCarers Recognition Act 2005、

そして介護者憲章をよく理解し、それに基づいたサービスを提供することが求められます。またサービス提供機関や政府から助成を受けている組織は、介護に関わる政策やプログラムをつくる際に、介護者あるいは彼らの代表を交えた討議を行わなければなりません。

・介護者

Carers Recognition Act 2005、そして介護者憲章では、介護者はアセスメント、ケアプラン作成、サービス供給のすべての場面で当事者として関わっていくことが強調されています。また、Carers Reference Group という介護者の当事者団体が、Carers Recognition Act 2005、そして介護者憲章に基づき、適切な政策やサービスが提供されているかを確認する機関として位置づけられています。

このように、州政府、自治体、サービス提供者、介護者が Carers Recognition Act 2005、そして介護者憲章に基づき役割をそれぞれ担っています。さまざまなレベルの組織が相互に活動をチェックしあい、法の目的の実現を図るシステムを設けることによって、法の理念を具体的な実践にまで落とし込むことができるのです。

Ⅲ おわりに

介護者は、社会では妻、夫、職業人などいろいろな側面を持っており、役割を果たしながら生活しています。

彼らは介護者として、さまざまな困難を抱えていることが想定されますが、もともと生活を創り上げていく力を持った人たちであり、適切な支援さえなされれば、状況改善のために自ら動き出すことができるのです。この先、わが国で介護者支援について考える際に重要なことのひとつは、介護者をサービスの客体として捉えるのではなく、彼らの持つ潜在的

な力に注目し、その力を十分に発揮できるよう促し、場を用意していくことだと考えます。そのような視点が盛り込まれたものとして、イギリスやオーストラリアの介護者支援の法的枠組は、今後の日本の介護者支援を考えるうえでとても参考になる内容でしょう(注5)。

　今後、私たちは介護者についてより深く学び、彼らの困難とニーズを把握し、彼らが介護のために地域や社会から孤立することのないよう支援を行うことが求められます。そして介護者の法的地位を確立し、彼らが地域で主体的に生きていけるようにするための枠組をつくること、それがこの先、私たちに課せられた重要な課題ではないでしょうか。

さらに勉強したいひとのために

梅崎薫・前田信雄「家族ケアをアセスメントする『介護者法』—介護者の人権を保障するケアマネジメントを」『月刊ケアマネジメント』11(1)、20～22頁、2000年.

Carers Act Australia (http://www.carersact.asn.au/) 2007.8.31閲覧.

(注5)
介護者については、彼ら自身のニーズや困難を把握するためのアセスメントの開発が広く議論されている。ただし現段階では、どのようなアセスメントを行うのがわが国の介護者にとって適切なのか、まだ結論は出ていない。

索　引

ア行

IFSW　79
安全配慮義務　169,176
異議申立て　138
違憲審査権　108
委任立法・行政立法　128
医療保険制度　74

カ行

解雇　171
介護休業制度　89
介護事故　174
介護者憲章　195,200
介護保険審査会　139
介護保険制度　68,69,80,86,125
介護保険法　83,88,91,126,128,138,142,157,194
介護予防サービス　73
勧告　133
基本的人権　79
虐待　76
行政事件訴訟法　139
行政指導　133
行政手続法　132
行政不服審査法　138
共犯　121
業務改善命令　175
業務上過失致死傷罪　176
居宅介護支援契約　146
近代的意味の憲法　106
苦情処理　137
計画による行政　129
刑罰　63,115
刑法　115
契約　63,143

健康保険法　83
憲法　79,126
謙抑主義　124
権利擁護　71,149
権力の分立　105
合意退職　171
後見監督人　72
高齢者虐待防止法　63,194
高齢者居住法　71
高齢者のための国連原則　87
国際人権規約　87
国民年金法　83
個人情報保護法　76
個人の尊厳　108
国家賠償法　140
雇用機会均等法　171
雇用保険制度　74

サ行

罪刑法定主義　116
財産管理　71
再審査請求　138
債務不履行責任　175
詐欺　151
錯誤　151
三権分立　105
支援費制度　68,70
自己決定　149,151
児童手当　82
児童福祉制度　75
司法　102
社会規範　54
社会権　108
社会手当　82
社会福祉士・介護福祉士法　75
社会福祉基礎構造改革　86
社会福祉協議会　71
社会福祉サービス　82
社会福祉法　75,128
社会保険方式　69
社会保障制度　80,82,83
自由権　107
自由保障機能　118
守秘義務　75

準委任契約・請負契約　159
傷害罪　175
障害者自立支援制度　68,70,80,88
障害者の権利に関する宣言　87
障害者福祉法　128
傷害致死罪　176
消費者契約法　144,152
職務専念義務　163
処分の取消し訴え　137
侵害留保　129
審査請求　138
身体障害者福祉法　68,86
生活自助原則　81
生活保護制度　74,82,89
生存権　126
成年後見制度　71,144,153
整理解雇　172
世界人権規約　79
相談助言　71
措置から契約へ　80,127
措置制度　68
損害賠償　63,137,140

タ行

地域福祉権利擁護事業　71
地方自治　109
地方分権改革　126
注意義務　179
賃金　164
通知・通達　94
道徳　58
特別児童扶養手当　82

ナ行

日本国憲法　81,83,87,128
任意後見制度　154
人間の尊厳　108
認知症　76,86,182,188
認知症高齢者　151
年休付与義務　166
年金制度　74
ノーマライゼーション　68,86

ハ行

働く人の権利義務関係　158
犯罪　114
福祉オンブズマン制度　138
不服申立て　137,138
不法行為責任　175
フランス人権宣言　117
平和主義・国際協調主義　109
ベヴァリッジ方式　88
法改正　96
法治主義　102
法定後見制度　153
法の解釈　96
訪問介護提供契約　146
法律による行政の原理　127
保佐人　154
母子及び寡婦福祉法　89
補助人　154

マ行

マグナ・カルタ　117
未遂犯　121
民生委員　75
民法　71,91

ヤ行

要介護状態　130
要介護の認定　146
要介護認定　188
要支援状態　130
予見可能性　177,178

ラ行

離職率　158
立憲主義　106
立法　102
倫理綱領　75,79
労災保険　82
老人福祉法　68,72,85,88,128
労働基準法　166,167,171
労働契約　158
労働災害補償保険　74
老齢年金　89

編著者
梶原洋生（かじわら・ようせい）
新潟医療福祉大学大学院医療福祉学研究科、同社会福祉学部社会福祉学科専任講師
『介護の法律入門 think like a lawyer』（インデックス出版）、『新版 福祉と医療の法律学』（インデックス出版）、共著に『大学社会福祉・介護福祉講座 介護福祉論』（第一法規）、『ホームヘルパーの医療行為』（一橋出版）などがある。

著者（50音順）
加藤悦子（かとう・えつこ）
日本福祉大学社会福祉学部准教授
熊田均（くまだ・ひとし）
弁護士、特定非営利活動法人東濃成年後見センター副理事長
小林博志（こばやし・ひろし）
東洋大学法科大学院教授
根森健（ねもり・けん）
東洋大学法科大学院教授
原田啓一郎（はらだ・けいいちろう）
駒澤大学法学部准教授
古川隆司（ふるかわ・たかし）
介護福祉士、追手門学院大学社会学部専任講師

事例担当
梶原洋生（かじわら・ようせい）（事例1、2）
横山貴美子（よこやま・きみこ）（事例2〜8）
山梨県立大学人間福祉学部助教授

介護福祉のための法学　　介護福祉士のための教養学5

平成20年3月15日　初版1刷発行

編　者　梶原　洋生
発行者　鯉渕　友南
発行所　株式会社　弘文堂　　101-0062 東京都千代田区神田駿河台1の7
　　　　　　　　　　　　　　TEL 03(3294)4801　　振替 00120-6-53909
　　　　　　　　　　　　　　http://www.koubundou.co.jp
印　刷　港北出版印刷
製　本　井上製本所

© 2008 Yosei Kajiwara. Printed in Japan

Ⓡ　本書の全部または一部を無断で複写複製（コピー）することは、著作権法上での例外を除き、禁じられています。本書からの複写を希望される場合は、日本複写権センター（03-3401-2382）にご連絡ください。

ISBN978-4-335-61065-3

介護福祉教育の大転換に応じ、学生にとっては学びやすく、
教員にとっては使いやすく工夫された新発想の教養科目のテキストシリーズ

介護福祉士のための教養学 全6巻

- ＊1 介護福祉のための心理学　下垣光・山下雅子編
- ＊2 介護福祉のための社会学　下山久之編
- ＊3 介護福祉のための医学　遠藤英俊・田中志子編
- ＊4 介護福祉のための倫理学　藤谷秀・横山貴美子著
- ＊5 介護福祉のための法学　梶原洋生編
- 6 介護福祉のための経済学　新村聡編

各巻 A5判並製208頁 定価1995円（税込み）
＊＝既刊

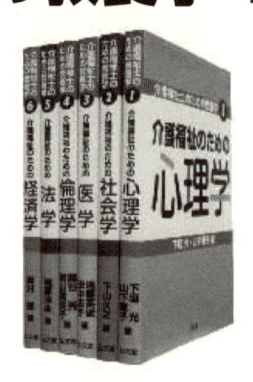

写真でみせる回想法
－付　生活写真集・回想の泉

志村ゆず・鈴木正典＝編
伊波和恵・下垣光・下山久之・萩原裕子＝著
B5判並製函入　200頁(132頁+68頁)　**2940**円（税込み）

ライフレビューブック
－高齢者の語りの本づくり

志村ゆず＝編
伊波和恵・萩原裕子・下山久之・下垣光＝著
資料篇・CD写真提供　師勝町歴史民俗資料館
B5判並製　146頁+CD1枚　**2940**円（税込み）

弘文堂